Saint John Gospel Choir

What a wonderful song

Canti di Schiavitù e di Libertà

PREFAZIONE

Pensando ai canti che Beppe ha raccolto in questa pubblicazione, alla sua passione per gli spiritual e per i gospel, a quella di Lino per gli accordi e l'armonia, alla mia per lo strumento coro, in definitiva, alla nostra passione che si è fusa con quella di altri amici per dare vita al **SAINT JOHN GOSPEL CHOIR**, ho finito per pensare alla correlazione tra **canzone**, **emozione**, **coro**.

Di una **canzone** a volte ci colpisce la melodia, a volte il testo. Spesso al giorno d'oggi, dove le canzoni vengono associate ad immagini, una canzone ci comunica subito qualcosa, mentre a volte ha bisogno di tempo per entrarci dentro, per darci qualcosa, per farsi capire.

A volte siamo noi stessi che creiamo le condizioni per determinare tali associazioni: provo a spiegarmi, ma non vorrei essere preso per matto. Mi capita spesso di ascoltare del liscio e mi pare di percepire nell'aria l'odore di fritto tipico delle sagre paesane. Oppure prendiamo in considerazione un canto di Mons. Marco Frisina, "Ti seguirò": ci troviamo davanti a un testo estremamente semplice (anche se difficile da vivere), una melodia, permettetemi, quasi banale, eppure questa canzone mi suscita una emozione fortissima, perchè associata alla immagine, vissuta in prima persona, di un affaticato Giovanni Paolo II, che faticosamente si avvicina all'altare. Me ne vengono alla mente tante altre legate al mondo della coralità popolare piuttosto che a quello della musica leggera.

What a wonderful song

Poi viene l'**emozione** che ci dona un interprete. Vengono alla mente struggenti melodie che donate a Voci sublimi entrano nella storia della musica: penso alla duttilità musicale di un grande come Luciano Pavarotti, a Lucio Dalla e a tanti altri che hanno regalato emozioni irripetibili.

Finora ho parlato di solisti, ma nel mio cuore so che le emozioni più grandi me le regalano **i cori**, un mondo parallelo che ho imparato a conoscere in 25 anni di pratica e frequentazione. Spesso mi diverto a girovagare su internet e ascolto esecuzioni di cori che propongono repertori diversi, e mi ritrovo con la pelle d'oca e le lacrime agli occhi.

Racconto un episodio accaduto il 10 novembre: mi trovavo a Monza con una rappresentanza della Corale Isorelle per il 50° di fondazione del coro Fioccorosso, che per questa importante occasione aveva invitato il Coro SAT di Trento, il capostipite della coralità di montagna.

Accoglienza ufficiale al coro SAT alla presenza del sindaco e dell'assessore alla Cultura di Monza. Dopo i saluti di rito, un gesto di Mauro Pedrotti, direttore della SAT, fa alzare i coristi: prendono posto, l'accordo, "Gran Dio del cielo se fossi una rondinella" e io mi ritrovo a piangere, lacrime di commozione vera, di tenerezza, di gioia nell'ascoltare il **CORO, quelle voci che a un gesto vibrano, richiamano gesti e sentimenti eroici o goliardici, raccontano la vita.**

E come quella sera a Monza, tante volte mi sono emozionato. Il coro diviene strumento straordinario, perché mentre per il solista bastano l'istinto e la voce, **per creare un'emozione con il coro serve che ognuno metta a disposizione degli altri il proprio talento, il proprio sentire, adegui il proprio**

What a wonderful song

animo per farlo divenire una cosa unica e irripetibile: la musica, il canto, quel canto.

E se pur giovani (come coro) anche i musicisti e i coristi del mio, del nostro Saint John Gospel Choir, provano con caparbietà a trasmettere emozioni. Molte volte mi sono ritrovato a commuovermi nel dirigere il coro e ritengo che il complimento più bello mai ricevuto sia quello di una donna che alla fine di un concerto mi ha confidato di essersi emozionata, di aver pianto con il nostro canto.

Non siamo professionisti, ma come diceva l'amico Ezio Bergami, "dilettanti professionali", che vivono **la straordinaria avventura di condividere la voce, la passione, per cantare e far vivere "a wonderful song."**

Massimo Traverso

Il Saint John Gospel Choir...

What a wonderful song

...al Convegno Ligure delle Corali
(Genova Nervi)

INTRODUZIONE

Val Badia, una sera d'estate nel salone dell'albergo. Siamo riuniti per cantare insieme alcune canzoni degli anni '60. Un'amica mi chiede di cantare uno dei canti "**Gospel**" che faccio solitamente con il mio gruppo "**Saint John Gospel Choir**". Ho accettato volentieri la proposta, ma la non conoscenza delle parole ha fatto sì che abbia cantato da solo.

Mi è allora venuto in mente di **preparare dei fogli con i testi** dei canti Spirituals e Gospel più famosi, in modo da permettere a tutti di cantarli e, perché no, diffondere questa "**cultura**" fra gli amici.

Tornato a casa, mi sono messo all'opera con entusiasmo. Ho pensato di **suddividere i canti**

per genere e, oltre ai citati Spirituals e Gospel, ho aggiunto un assaggio dei generi musicali ad essi in qualche modo collegati: **Inni, Work Songs, Funeral Marches, Southern & Country Gospel, South African Songs, Soul e Christian Music.**

L'amico pianista Lino Parodi mi dice: "**Non sarebbe meglio fare un libretto?**" Ed ecco che, grazie alla sua competenza informatica e alla sua grande pazienza, il libretto è spuntato come una Stella Alpina, in un verde prato della **Val Badia**.

All'inizio di questo canzoniere mi piace inserire una famosa canzone appartenente al musical "**Show Boat**" (1927), in quanto riesce ad introdurci nell'ambiente e nell'epoca che hanno favorito la nascita degli **Spirituals.**

Giuseppe Mainardi

*Nota: Nei testi delle canzoni, il **carattere corsivo** è usato per indicare la **parte del coro**.*

OL' MAN RIVER

(Jerome Kern & Oscar Hammerstein II, 1927)

Colored folks work on de Mississippi,
colored folks work while de white folks play.
Pullin' dose boats from de dawn to sunset,
gettin' no rest till de judgement day.
Don't look up an' don't look down,
you don' dast make de white boss frown.
Bend your knees an'bow your head,
an' pull dat rope until you' re dead.
Let me go 'way from the Mississippi,
let me go 'way from de white man boss.
Show me dat stream called de river Jordan,
dat's de ol' stream dat I long to cross.

Ol' man river , dat ol' man river,
he mus' know sumpin', but don't say nothing,
he just keeps rollin', he keeps on rollin' along.
He don' plant taters, he don' plant cotton,
an' dem plant 'em is soon forgotten,
but, ol' man river, he jes' keeps rollin' along.

What a wonderful song

You an' me, we sweat an' strain,

body all achin' an' racked wid pain.

"Tote dat barge", "Lift dat bale",

git a little drunk an' you land in jail.

Let me go 'way from the Mississippi,
let me go 'way from de white man boss.
Show me dat stream called de river Jordan,
dat's de ol' stream dat I long to cross.

Ol' man river , ………..

Ah, gits weary an' sick of tryin',

ah'm tired of living' an' skared of dyin',

but ol' man river, he jes keeps rollin' along!

*Nel **1927** viene presentato a **Broadway** il musical **"Show boat"**, con le musiche di **Jerome Kern** e i testi di **Oscar Hammerstein II**.*

*La vicenda è ambientata inizialmente sulle rive del **fiume Mississippi**, dove approda periodicamente un battello che fa la funzione di teatro mobile. Tutti accolgono con grande entusiasmo questi spettacoli che rappresentano per i neri un momento di riposo al loro duro lavoro e per i bianchi occasioni di incontro e di divertimento.*

Inni, Work Songs

e

Funeral Marches

What a wonderful song

Schiavi neri in una piantagione di cotone del Tennessee (1863)

INNI

Nel 1801 **Richard Allen**, il fondatore della prima Chiesa Nera indipendente degli USA, diede alle stampe una raccolta di canti religiosi: "**A collection of Hymns and Spirituals songs**". Tale raccolta di 54 inni (buona parte raccolti da un innario dell'inglese Isaac Watt) godette di grande fama fra i Neri.

WORK SONGS

Erano usati per **cadenzare il lavoro** nelle piantagioni, nella messa in posa delle linee ferroviarie, nella navigazione a remi, nelle miniere e nelle prigioni. Erano cantati senza accompagnamento musicale e con l'alternanza fra solista e coro.

FUNERAL MARCHES

Dopo la metà dell'ottocento esistevano a New Orleans numerose **bande costituite da musicisti di colore che suonavano, in modo particolare, durante i funerali** (pezzi lenti all'andata e ragtime al ritorno).

AMAZING GRACE (Inno)

Amazing grace, how sweet the sound
that saved a wretch like me.
I once was lost, but now am found,
was blind, but now I see.

> 'twas grace that taught my heart to fear
> and grace my fears relieved.
> How precious did that grace appear
> the hour I first believed.

Through many dangers, toils and snares,
I have already come.
'tis grace hath brought me safe thus far
and grace will lead me home.

> The Lord has promised good to me,
> his word my hope secures;
> He will my shield and portion be
> as long as life endures.

Il testo è dell'inglese **John Newton** che verso il
1750 effettuò, la tratta degli schiavi. Dopo la
conversione, divenne Pastore Metodista.

Mi ero perduto, ma sono stato trovato,
Ero cieco, ma ora vedo.

WHAT A FRIEND WE HAVE in JESUS
(Inno)

What a Friend we have in Jesus,
all our sins and griefs to bear !
What a privilege to carry
everything to God in prayer!
O what peace we often forfeit,
o what needless pain we bear,
all because we do not carry
everything to God in prayer

Have we trials and temptations?
Is there trouble anywhere?
We should never be discouraged:
take it to the Lord in prayer.
Can we find a friend so faithful
who will all our sorrows share?
Jesus knows our every weakness:
take it to the Lord in prayer.

Are we weak and heavy laden,
cumbered with a load of care?
Precious Savior, still our refuge,
take it to the Lord in prayer.
Do your friends despise, forsake thee?
Take it to the Lord in prayer!
In His arms He'll take and shield thee,
you will find a solace there.

Testo: **Joseph M. Scriven**
Si tratta di un **Inno** il cui testo è stato scritto nel

1855, per dare conforto alla mamma che viveva in Irlanda, mentre l'autore era emigrato in Canada.

Musica: **Charles C. Converse**
La musica fu composta nel **1868**, avvocato e compositore di canti liturgici, nato nel Massachussets.

Questo inno ha fatto parte del repertorio di Aretha Frankin, di gruppi Gospel e Southern Gospel, di Ella Fitzgerald, pianisti gospel e Jazz, chitarristi Jazz.....

Che grande amico abbiamo in Gesù,
che ha portato il peso dei nostri peccati e dei nostri dolori !
Che privilegio affidare
ogni cosa a Dio nella preghiera !
Come spesso ci priviamo della pace,
di quali inutili sofferenze ci carichiamo,
solo perché non affidiamo
ogni cosa a Dio nella preghiera.

Abbiamo prove e tentazioni ?
Ci sono tribolazioni dappertutto ?
Non dovremmo mai scoraggiarci:
affidiamo tutto a Dio nella preghiera.
Possiamo trovare un amico così fedele

da condividere tutti i nostri dolori ?
Gesù conosce ogni nostra debolezza:
affidiamo tutto a Dio nella preghiera.

AMEN (Inno)

Amen, Amen, Amen, Amen, Amen.

See the little baby / wrapped in the manger / on the Christmas morning.

> See Him in the temple / talking to the elders / how they all marvelled.

See Him at the seashore / preaching to the people / healing all the sick ones.

> See Him at the garden / praying to the Father / in deepest sorrow.

See Him on the cross / bearing all my sins / in bitter agony.

> Yes, He died to save us / and He rose in Easter / now He lives forever

*Questo canto appartiene al genere Innico derivato dalle Chiese tradizionali. In esse è consueto chiudere alcune solenni preghiere con dei canti corali formati dalla ripetizione di un certo numero di "**Amen**"*
*Le strofe sopra riportate rappresentano una **sintesi della vita di Gesù**, a partire dalla nascita in una mangiatoia, fino alla Risurrezione.*

What a wonderful song

JOHN BROWN'S BODY (Inno)

John Brown's body lies a-mouldering in the
grave (3 volte)

but his Soul is marching on.

Glory, glory hallelujah (3 volte)

but his Soul is marching on

They hung him for a traitor, themselves the
traitor crew, (3 volte)

but his soul's marching on

John Brown died that the slave might be free (3
volte)

but his Soul is marching on

John Brown era un fervente abolizionista
bianco che, a seguito dell'assalto di una fabbrica
d'armi, venne condannato all'impiccagione nel
dicembre del 1859.

Poco più di un anno dopo, scoppiava la **guerra
civile americana** (1861 – 1865)

*Il corpo di John Brown giace in una tomba,
ma la sua anima sta ancora marciando.*

LEAD, KINDLY LIGHT (Inno)

Lead, kindly Light, amid the encircling gloom,
lead Thou me on!

The night is dark, and I am far from home,
lead Thou me on!

Keep Thou my feet; I do not ask to see the
distant scene (2 volte)
one step enough for me.

I was not ever thus, nor prayed that thou
Shouldst lead me on.

I loved to choose and see my path; but now,
Lead Thou me on!

I loved the garish day, and, spite of fears,
pride ruled my will: (2 volte)
remember not past years.

So long thy power hath blessed me, sure it still
will lead me on

o'er moor and fen, o'er crag and torrent,
till the night is gone,

and with the morn those angel faces smile which
I have loved
and with the morn those angel faces smile,
which I have loved long since and lost awhile,
long since and lost awhile.

What a wonderful song

Guidami, Luce gentile,
attraverso il buio che mi circonda,
sii Tu a guidarmi!
La notte è oscura e sono lontano da casa,
sii Tu a guidarmi!
Sostieni i miei piedi vacillanti: io non chiedo di
vedere ciò che mi attende all'orizzonte, un
passo solo mi sarà sufficiente.

Non mi sono mai sentito così, né ho pregato che
fossi tu a guidarmi!
Amavo scegliere e scrutare il mio cammino; ma
ora sii Tu a guidarmi!
Amavo il giorno abbagliante, e malgrado la
paura, il mio cuore era schiavo dell'orgoglio; non
ricordare gli anni ormai passati.

Per tanto tempo la tua forza è stata dentro di
me, e certo ancora mi guiderà
landa dopo landa, palude dopo palude, oltre rupi
e torrenti, finché finirà la notte,
e con l'apparire del mattino rivedrò il sorriso di
quei volti angelici che ho amato da tanto tempo
e perduto per un breve periodo.

Testo composto dal cardinal John Henry
Newman (1801–1890) nel 1833

Musica di Lino Parodi

JUMP DOWN (Work Song)

Jump down, turn around to pick a bale of cotton,
jump down, turn around to pick a bale a day
(2 volte)

Oh Lordy, *pick a bale of cotton,*
oh Lordy, *pick a bale a day (2 volte)*

Me and my wife can pick a bale of cotton,
me and my wife can pick a bale a day.
(2 volte.)

Me and my friend can pick a bale of cotton,
me and my friend can pick a bale a day
(2 volte.)

What a wonderful song

Questa canzone ci inserisce in **una piantagione dove gli schiavi raccolgono i fiocchi di cotone** che saranno poi ammassati in una balla (corrispondente, oggi, a 225 kg).

Il **tono satirico** del canto si nota dalla richiesta fatta al figlio del padrone "**lordy**" di raccogliere in un solo giorno i 225 kg di cotone per formare una balla. Analoga capacità viene attribuita al cantante, a sua moglie e agli amici.

Il cantare durante il **lavoro aumenta la produttività degli schiavi** i quali, per sincronizzare il ritmo del canto a quello del lavoro, sono invogliati a lavorare sodo, senza mai prendere fiato.

Chinati, voltati per raccogliere una balla di cotone al giorno.

Probabilmente i due verbi "Chinati, voltati" si riferiscono al movimento necessario a raccogliere i fiocchi di cotone e a depositarli nella bisaccia, come si può osservare nell'immagine precedente.

WHEN the SAINTS GO MARCHIN' in
(Funeral march)

Oh when the saints go marchin' in,
oh when the saints go marchin' in,
Lord I want to be in that number,
when the saints go marchin' in.

Well I have a loving mother,
she is gone to heaven, I know.
Well I've brother, my mother I would met her
when the saints go marching in.

Well I have a loving father,
he is gone to heaven, I know.
Well I've brother, my father I would met him,
when the saints go marching in.

Il brano era suonato da una banda di neri,
durante **il ritorno dal cimitero, per esprimere
la speranza nella risurrezione**.
E' diventato la sigla di **Louis Armstrong**.

Quando i Santi entreranno marciando,
Signore, io voglio essere insieme a loro.

What a wonderful song

**Jazz Band che accompagnava i Funerali
a New Orleans verso la fine del 1800.**

SPIRITUALS

What a wonderful song

Fisk Jubilee Singers (Fisk University di Nashville, Tennessee, 1871)

Heliotype Printing Co., Boston.   F. J. Loudin.   Allen & Rowell, Photo., Boston.

MAGGIE L. PORTER.   JENNIE JACKSON.   MABEL R. LEWIS.   R. A. HALL.
GEORGE E. BARRETT.   ELLA SHEPPARD.   PATTI MALONE.

Canti di schiavitù e di libertà   29

Gli **Spirituals** sono le canzoni religiose composte dai neri e trasmesse da una generazione all'altra per via orale.

Le radici risalgono alla **fine del 1600**, ma non esistono testimonianze precise su come si cantassero gli Spirituals in quel periodo.

La prima raccolta completa e rigorosa degli Spirituals è **"Slave songs of the United States"** edito nel *1867* da **Allen** e collaboratori.

Spesso questi canti nascevano nei **Camp Meetings,** durante i quali le guide del coro aggiungevano ritornelli e strofe agli inni ufficiali e fu così che nacquero queste nuove canzoni, con melodie ripetitive ed attraenti.

Durante la **Guerra Civile** fu possibile raccogliere molte testimonianze relative agli Spirituals, in particolare nel battaglione composto da schiavi neri e comandato dal colonnello **Thomas Wentworth Higginson.**

Ma l'esplosione del fenomeno *Spiritual* a livello mondiale si ebbe **dopo il 1871**, a seguito della trionfale tournee in Europa dei *Fisk Jubilee Singers.*

Numerosi canzonieri furono scritti con le canzoni (adattate al gusto europeo) dei Fisk Jubilee Singers. Fra questi: "**The Jubilee Songs: as sung by the Jubilee Singers of Fisk University**" scritto da Theodore Seward nel **1872**.

I testi degli spirituals sempre a carattere comunitario, presentano spesso un doppio senso che, per esempio, mette in stretta relazione la liberazione degli antichi ebrei dall'Egitto con la liberazione degli schiavi dai padroni bianchi, il passaggio da parte degli ebrei del fiume Giordano (verso la Terra Promessa) con il passaggio degli schiavi neri del fiume Ohio (verso gli stati liberi del Nord).

Dal punto di vista musicale, gli *Spirituals* sono definibili come canti popolari cantati ad una o più voci e senza accompagnamento strumentale.

Le radici africane sono costituite dalla improvvisazione, dall'alternanza fra solista e coro e dalla *Scala pentatonica* che comprende solo 5 note, come testimoniano gli Xilofoni africani.

Le radici europee sono costituite dagli *innari* (raccolte di inni inglesi, fra i quali quelli di *Isaac Watts*) e dalle regole per la composizione musicale (con l'uso del pentagramma).

BYE and BYE

O bye and bye, bye and bye,
I'm goin' to lay down dis heavy load.

I know my robe's goin' to fit me well,
I'm goin' to lay down dis heavy load.
I tried it on at the gates of hell,
I'm goin' to lay down dis heavy load.

Hell is deep and dark despair,
I'm goin' to lay down dis heavy load.
Stop, po' sinner, and don't go there,
I'm goin' to lay down dis heavy load.

*Il testo di questo brano tratta **il tema della morte** per far riflettere sul rischio che l'uomo corre se non si decide ad abbandonare la via del peccato.*
*Il ritornello viene cantato dal leader insieme all'assemblea, mentre le strofe sono cantate in forma di "**Call and response**" (botta e risposta fra il leader e l'assemblea).*

DOWN to the RIVER to PRAY

As I went down to the river to pray,

studying about that good old way

and who shall wear the starry crown,

good Lord, show me the way.

O sisters*, let's go down,
let's do down, come on down.

O sisters, let's go down,
down to the river to pray

brothers, fathers, mothers, sinners

La canzone tradizionale **Down to the River to Pray** ha raggiunto una certa notorietà grazie alla cantante/compositrice americana **Alison Krauss,** che l'ha interpretata nel film **O Brother, Where Art Thou ?** (anno 2000).

Tale canzone (appartenente agli Spirituals) è stata inserita nella raccolta **"Slave Songs of the United States"** (edita nel **1867** da parte di **William Francis Allen),** fra le canzoni sentite cantare nell'area degli stati **Tennessee, Arkansas** e **Mississippi River.**

Il titolo con il quale la canzone è stata pubblicata è **The Good Old Way** (I buoni vecchi modi) e, in questa versione originale, non si fa riferimento al **fiume**, ma alla **valle**.
Il testo narra l'abitudine di molti schiavi di cercare la Fede isolandosi per un certo periodo di tempo in preghiera e digiuno. La **valle** a cui ci si riferisce deve essere intesa in senso figurato.

In certe versioni il termine **valle** è sostituito dal termine **fiume** ed il canto viene usato per accompagnare i **Battesimi per immersione** (come rappresentato in una scena del film citato, dove un gruppo di battezzandi vestiti di bianco si avvia in processione ad immergersi in un fiume).

Visto che me ne sono andato
giù nel fiume a pregare,
pensando ai buoni, vecchi modi
e a chi indosserà la corona stellata,
buon Signore, mostrami la strada.

Oh, sorelle, andiamo giù,
andiamo giù, venite giù.
Oh, sorelle, andiamo giù,
giù nel fiume a pregare.

DEEP RIVER

Deep river, my home is over Jordan;
deep river, Lord,
I want to cross over into campground.

O don't you want to go to that Gospel feast,
that promis'd land where all is peace?

Deep river, my home is over Jordan;
deep river, Lord,
I want to cross over into campground.

Questo canto sembra avere avuto origine nel
North Carolina, dove i Quaccheri acquistarono
alcuni schiavi per liberarli e rimandarli in Africa.
Se il canto si riferisce a tale fatto, **il fiume
Giordano rappresenta l'oceano Atlantico.**
Certamente il canto è stato utilizzato come
"Spiritual di fuga".
E' considerato uno degli Spirituals più
significativi, sia dal punto di vista musicale che
del testo.

Profondo fiume, la mia casa è oltre il Giordano.
Voglio arrivare alla Terra Promessa.

DO, LORD, REMEMBER ME

Do Lord, o do Lord, *Lord remember me* (3 v.),
do Lord, remember me.

When I'm in trouble, *Lord remember me* (3 v.),
do Lord, remember me.

When I'm dyin', *Lord remember me* (3 v.),
do Lord, remember me.

Il brano è strutturato nella semplice forma del
Call and Response *(leader:" Do Lord, do Lord",
Assemblea: "Lord remember me").
L'invocazione sembra presa da quella del "**buon
ladrone**", crocifisso insieme a Gesù.*

*"Signore, ricordati di me.
Quando sono nei guai ....
Quando sto per morire....."*

*Questo Spiritual, come alcuni altri, è stato
tradotto in italiano "**Mio Signore ricordati di
me**" ed utilizzato come canto liturgico*

DOWN BY THE RIVERSIDE

I'm gonna lay down my burden

down by the riverside (3 volte)

I'm gonna lay down my burden

down by the riverside (2 volte)

> *Ain't gonna study war no more,*
> *study war no more,*
> *ain't study war no more.*
>
> *My Lord, down by the riverside*
> *I'm gonna lay my burden down,*
> *ain't study war no more.*

I'm gonna put on my long white robe.....

I'm gonna lay down my sword and shield....

Questo Spiritual si riferisce forse alla **smobilitazione successiva alla fine della guerra civile**, durante la quale furono arruolati numerosi reggimenti di colore. Entrò nel repertorio delle bande musicali che accompagnavano i **funerali** e cantato anche durante **le lotte per i diritti civili** e contro la **guerra nel Vietnam.**

Poserò il mio pesante fardello,
la spada e lo scudo presso la sponda del fiume.

EVERY TIME I FEEL the SPIRIT

Every time I feel the Spirit
movin' in my heart I will pray (2 vv.)

Up on the mountains my Lord spoke,
out of His mouth came fire and smoke.
When I looked all around me, everything looked
so fine,
I asked my Lord if all was mine

Jordan's river is chilly and cold,
it chills my body but not the soul.
There ain't but one train upon this track
that runs to heaven and it runs right back.

Oh, I have sorrow and I have woe,
I have heartaches here below.
But while God leads me, I'll never fear
for I know that He is near

E' uno dei testi più interessanti nella storia dello
Spiritual.
Cantare con lo Spirito non è un semplice
interpretare la canzone, ma un vero e proprio
lasciarsi invadere dallo Spirito di Dio per
diventare suo mezzo di espressione.

Io pregherò ogni volta che sentirò
dentro di me la voce dello Spirito.

GO DOWN MOSES

Go down, Moses, way down in Egypt land.
tell ol' Pharaoh: "Let my people go".

When Israel was in Egypt land:
>   *Let my people go*
oppressed so hard they could not stand:
>   *Let my people go*

Thus said the Lord , bold Moses said: *Let my ..*
If not I'll smite your first-born dead: *Let my ...*

The Lord told Moses what to do: *Let my ...*
To lead the children of Israel through: *Let my..*

Questo spiritual riprende il racconto della vocazione di **Mosè** e della **liberazione del popolo di Israele dalla terra d'Egitto.** Gli schiavi neri identificavano il proprio destino con quello degli ebrei schiavi in Egitto.

Scendi Mosè, scendi nella terra d'Egitto.
Dì al vecchio Faraone:
"Lascia andare il mio popolo".

GO TELL IT on the MOUNTAINS

Go tell it on the mountain,
over the hills and everywhere.
Go tell it on the mountain
that Jesus Christ is born.

When I was a sinner
I prayed both night and day.
I asked the Lord to help me
and He show'd me the way.

He made me a watchman
upon the city wall
and if I am a Christian
I am the least of all.

*Nonostante che la **festa del Natale** fosse vissuta dagli schiavi per lo più come momento di riposo e divertimento, era doveroso comunicare a tutti che **Gesù è nato per liberare l'uomo da ogni schiavitù.***

Va', dillo sulla montagna,
sulle colline e dappertutto
che Gesù Cristo è nato.

HE's the LILY of the VALLEY

He's the lily of the valley, oh my Lord. (2 v.)

King Jesus in his chariot rides,
oh my Lord,

with four white horses side by side,
oh my Lord.

What kind of shoes are those you wear, ...
that you can ride upon the air, ...

These shoes I wear are Gospel shoes, ...
and you can wear them if you chose, ...

*Il titolo si rifà ad una poetica definizione della persona amata, **"Giglio della valle"**, presente nel libro della Bibbia **"Il cantico dei cantici"**.*

Lui è il giglio della valle, o mio Signore.
Il Re Gesù guida il suo carro
con quattro cavalli bianchi per lato.
Che tipo di scarpe sono quelle che calzi,
che ti permettono di volare?
Queste scarpe che calzo
sono le scarpe del Vangelo
e tu le puoi calzarle, se lo vuoi.

I'M SO GLAD

I'm so glad, *Jesus lifted me* (3 v.)
Glory Hallelujah, Jesus lifted me.

Satan had me bound, *Jesus lifted me* (3 v.)
Glory Hallelujah, Jesus lifted me.

When I was in trouble, *Jesus lifted me* (3 v.)
Glory Hallelujah, Jesus lifted me.

I'm so glad, *Jesus lifted me (3 v.)*
Glory Hallelujah (3 v.),
Jesus lifted me.

Uno Spiritual gioioso e semplice, dalla struttura tradizionale e dalla melodia intuitiva, **adatto al coinvolgimento dell'assemblea.**

L'azione divina di **sollevare chi è caduto nel peccato, o è colpito da malattia**, ha frequenti riscontri nei Vangeli e fa parte della nostra esperienza quotidiana

Sono così felice, Gesù mi ha sollevato.
Gloria. Alleluia.

I'VE GOT A HOME in a DAT ROCK

I got a home in-a dat rock, don't you see, don't
you see ? (2 volte)
Between de earth an' sky,
thought I heard my Saviour cry,

you got a home in-a dat rock, don't you see,
don't you see ?

Poor man Lazrus, poor as I, don't you see (2 v.)
Poor man Lazrus, poor as I,
when he died he foun' a home on high,
he had a home in-a dat rock, don't you see...

Rich man Dives, he lived so well, don't you (2 v.)
Rich man Dives, he lived so well,
when he died he foun' a home in Hell,
He had no home in-a dat rock, don't you see...

God gave Noah de rainbow sign, don't you (2 v.)
God gave Noah de rainbow sign,
no more water but fire nex' time,
better get a home in-a dat rock, don't you ...

Il testo di questo canto richiama la **parabola del
ricco Epulone e di Lazzaro** (narrata nel
Vangelo) e il diluvio universale.

*Quando il povero Lazzaro morì
trovò una casa in alto,
gli fu data una casa su quella roccia. Non vedi?*

JOSHUA FIT the BATTLE of JERICHO

Joshua fit the battle of Jericho, Jericho, Jericho
Joshua fit the battle of Jericho and the walls
come tumblin' down (2 v.)

Good mornin' sister Mary,
good mornin' brother John,
you'r here to listen the story
of the battle of Jericho.

There was not man like Saul,
he was a very right king,
but the king of Israel Joshua
fit the battle of Jericho !

Up to the walls of Jericho,
he marched with spear in hand
"Go blow them ram's horns - Joshua cried -
'cause the battle is in my hand "

Then the lamb, ram, sheep horns 'gin to blow,
trumpets begin to sound,
Joshua commanded the children to shout
an' the walls come tumblin' down !

La conquista di **Gerico,** da parte di **Giosuè**, è
vista come **un'azione provvidenziale di Dio.**

Giosuè combatté nella battaglia di Gerico
e le mura caddero.

KUM BA YAH

Kum ba yah, my Lord, *Kum ba yah (3 v.),*
oh Lord, Kum ba yah.

Someone's crying, Lord, *Kum ba yah* (3 v.)
oh Lord, Kum ba yah.

Someone's singing, Lord, *Kum ba yah* (3 v.)
oh Lord, Kum ba yah.

Come by here, Lord, *come by here (3 v)*
Oh Lord, come by here..

Le radici africane degli Spirituals sono molto evidenti in questo canto; sia il ritmo che l'alternanza fra il solista e il coro (Call and response), danno la viva impressione di trovarsi in un villaggio africano, di fronte ad un cerchio di uomini e donne che cantano, accompagnati dal suono dei tamburi. Il termine "Kum ba yah" deriva da una storpiata pronuncia di "Come by here" (Vieni qui) riferendosi al ritorno del Messia

MY LORD, WHAT a MORNING

My Lord, what a morning, (3 v.)
when the stars begin to fall.

You'll hear the trumpet sound
to wake the nations underground,
locking to my God's right hand,
when the stars begin to fall.

You'll hear the sinner moan....

You'll hear the Christians shout....

Questo canto fa riferimento al **giorno del Giudizio Universale** che, **per i buoni**, è motivo di speranza e attesa del viaggio verso i pascoli celesti mentre, **per i peccatori** che non si pentono dei loro peccati., è motivo di pianto per la dura condanna.

Sentirai il suono della tromba risvegliare i morti che guarderanno la mano destra del mio Dio.
Mio Signore, che mattino
quando le stelle inizieranno a cadere.

MICHAEL ROW the BOAT ASHORE

Michael row de boat ashore, *Hallelujah!*
Michael boat a gospel boat, *Hallelujah!*

I wonder where my mudder deh, ...
see my mudder on de rock gwine home,....

On de rock gwine home in Jesus' name, ...
Michael boat a music boat, ...

Sister, help for trim dat boat, ...
Jordan stream is wide and deep, ...

Jesus stand on t' oder side, ...
I wonder if my maussa deh, ...

When de riber overflow, ...
o poor sinner, how you land? ....

Riber run and darkness comin', *Hallelujah*

sinner row to save your soul, *Hallelujah*

Questo Spiritual fu sentito cantare da schiavi neri, residenti **nell'isola di S. Elena (Sud Carolina)**, mentre remavano la barca, durante la Guerra Civile Americana.

E' interessante notare come le **work songs** si siano evolute col tempo in chiave spirituale.

Questo è appunto un esempio di spiritual usato come work song.

Gabriele è l'arcangelo che, secondo la tradizione cristiana, trasporta le anime nel Paradiso.

Infine si parla anche **dello straripamento del fiume Mississippi,** tema frequentemente presente negli **Spirituals**, visto i gravi danni che esso procurava.

Michele, porta la barca a riva, Alleluia.

La barca di Michele è la barca del Vangelo, Alleluia.
Quando il fiume straripa,
povero peccatore, come potrai arrivare alla riva?
Il fiume scorre e sopraggiungono le tenebre,
peccatore rema per salvare la tua anima.

NOBODY KNOWS the TROUBLE I'VE SEEN

Nobody knows de trouble I've seen,

nobody knows but Jesus.

Nobody knows de trouble I've seen,

glory hallelujah!

Sometimes I'm up, sometimes I'm down, *oh yes, my Lord,*

sometimes I'm almost to de groun', *yes my Lord*

Although you see me goin' 'long so, *oh yes, ...*

I have my trials here below, *yes my Lord.*

If you get there before I do, *oh yes, my Lord,*

tell all my friends I'm coming too, *yes my Lord.*

Un'ex schiava *racconta che suo padre, dopo essere stato frustato, si sedeva su un tronco vicino alla baracca e, piangendo, cantava questo canto.*
"Nessuno conosce il dolore che ho visto, tranne Gesù."

OH FREEDOM

Oh freedom, oh freedom,
oh freedom over me,
and before I'll be a slave,
I'll be buried in my grave
and go home to my Lord and be free.

No more crying, no more crying,
no more crying over me and before .....

No more shouting, no more shouting,
no more shouting over me and before .....

Same old sunshine, same old sunshine,
same old sunshine over me and before .....

Si scorge nel testo di questo canto, redatto dopo
la Guerra Civile, la **determinazione a
mantenere la libertà raggiunta** dagli schiavi
emigrati negli Stati del Nord.

*Piuttosto di essere uno schiavo,
sarò sepolto nella mia tomba,
andrò nella casa del mio Signore e sarò libero.*

OLD TIME RELIGION

Gimme dat old time religion (3 v.),
it's good enough for me.

It was good for my old father (3 v.) ....
　　It was good for my old mother (3 v.),....
It was good for Paul and Silas (3 v.),.......
　　It is good when I'm in trouble (3 v.),......
It will take us all to Heaven (3 v.),.......

La religione dei bei tempi andati riporta
nostalgicamente ad un'età che potrebbe essere
quella antecedente la Guerra Civile.

Infatti, con l'emigrazione verso il Nord, i
cambiamenti divennero così radicali da causare
una vera e propria rivoluzione nelle forme del
culto urbano che portò, fra le altre cose,
**all'abbandono del canto degli Spirituals, o
almeno del modo tradizionale di interpretarli.**

Dammi la Religione dei vecchi tempi,
è buona quanto basta per me.
Era buona per il mio vecchio padre,
è buona quanto basta per me.

SOMETIMES I FEEL LIKE a MOTHERLESS CHILD

Sometimes I feel like a motherless child (3 v.),

a long way from home (2 v.).

Sometimes I feel like a moanin' dove ....

Sometimes I feel like I'd never been borned

Sometimes I feel like a homeless child ......

La lontananza da casa *può essere sia la nostalgia della patria lontana (l'Africa), che la mancanza della famiglia, divisa durante la vendita degli schiavi.*

*"Talvolta mi sento come un bambino senza madre, lontanissimo da casa.
Talvolta mi sento come una colomba che geme..
Talvolta mi sento come un bambino senza casa...."*

*Questo brano ha ispirato la composizione del celebre "**Summer time**" di "**Gorge Gershwin**".*

SWING LOW, SWEET CHARIOT

Swing low, sweet chariot,
coming for to carry me home. (2 volte)

I looked over Jordan and what did I see
coming for to carry me home?
A band of Angels coming after me,
coming for to carry me home

Why don't you swing down chariot,
stop and let me ride,
swing down chariot, stop and let me ride (2 v.),
coming for to carry me home.

If you get there before I do,
coming for to carry me home
tell all my friends I'm coming too
coming for to carry me home.

Swing low, sweet chariot….

Why don't you swing down chariot...

...

*coming for to carry, coming for to carry
coming for to carry me home.*

Spesso negli Spirituals è presente un
linguaggio simbolico:

come, per gli antichi ebrei, il **fiume Giordano**
rappresentava il confine fra la schiavitù d'Egitto
e la Terra Promessa, così il **fiume Ohio**
rappresentava, per gli schiavi neri, il confine fra
gli stati schiavisti e quelli abolizionisti.

Per raggiungere questo fiume e per poterlo
attraversare, gli schiavi fuggitivi venivano aiutati
da un'organizzazione chiamata **"Underground
Railroad"**, che forniva i carri e le imbarcazioni.

Gli angeli che vengono a portare a casa i
fuggitivi sono, in realtà, i volontari di questa
organizzazione che scendono dalle colline fino
al fiume per traghettarli sull'altra sponda.

*Rallenta dolce carro,
che vieni a portarmi a casa.
Ho guardato oltre il Giordano e cosa ho visto ?
Una schiera di angeli che si avvicinavano,
che si avvicinavano per portarmi a casa.*

STEAL AWAY

Steal away, steal away, steal away to Jesus,
steal away, steal away home,
I ain't got long to stay here

My Lord, He calls me,
He calls me by the thunder,
the trumpet sound within my soul,
I ain't got long to stay here

Green trees are bending,
poor sinner stands a trembling,
the trumpet sounds within my soul,
I ain't got long to stay here

Questo canto veniva spesso cantato per annunciare il **tentativo di fuga di uno schiavo**, o come **segnale di raduno per un incontro religioso** che, normalmente, avveniva di notte in radure o capanne costruite nei boschi.

Fuggi via verso Gesù,
fuggi via verso casa.
Mi rimane poco tempo per stare qui.

WERE YOU THERE

Were you there,

when they crucified my Lord ? (2 v.)

Oh sometimes it causes me

to tremble, tremble, tremble.

Were you there when they crucified my Lord?

Were you there

when they laid Him in the tomb?.......

Were you there

when they rolled the stone away?....

Did you know He is risen from the dead? (2 v.)

Oh sometimes I want to shout

"Glory, glory, glory !"

Did you know He is risen from the dead?

Questo celebre Spiritual fa rivivere la
crocifissione e la sepoltura di Gesù ed infine
la sua **risurrezione,** per la quale non c'è più il
tremore, ma la voglia di gridare **"Gloria!"**.

Eri là quando crocifissero il mio Signore ?
A volte questo pensiero mi fa tremare.
Lo sapevi che è risorto dai morti ?
A volte vorrei gridare "Gloria, Gloria, Gloria."

THIS LITTLE LIGHT OF MINE

This little light of mine
I'm going to let it shine (3 v.),
let it shine, let it shine, let it shine.

Everywhere I go,
I'm going to let it shine .....

All through the night,
I'm going to let it shine ...

Jesus gave it to me,
I'm going to let it shine ...

*Questo è un "**canto di testimonianza**" basato
sulle parole di Gesù "**Voi siete la luce del
mondo**. Non si accende una lampada per
metterla sotto il moggio; la si mette sul
candeliere per far luce nella casa".*

"Questa mia piccola luce
voglio farla risplendere...
dovunque io vada...
durante tutta la notte..."

IT'S ME O LORD

It's me , it's me, it's me o Lord,
standin' in the need of prayer (2 v.)

Not my father, nor my brother, but it's me o Lord,
standin' in the need of prayer (2 v.)

Not my mother, nor my sister, but it's me o Lord,
standin' in the need of prayer (2 v.)

Not the preachers, nor the others, but it's me o Lord,
standin' in the need of prayer (2 v.)

Il testo affronta la questione della
responsabilità personale di fronte a Dio.

Il ritmo marcato della musica *mette in risalto la determinazione ad agire, senza aspettare che inizino gli altri.*

"Sono io, Signore, bisognoso di pregare.
Non è mio padre, non è mio fratello…
Non è mia madre, non è mia sorella…"

SOMEBODY's KNOCKING at YOUR DOOR

Somebody's knocking at your door (2 v.)

Oh sinner, why don't you answer?

Somebody's knocking at your door.

Knocks like Jesus
Somebody's knocking at your door.
Knocks like Jesus
Somebody's knocking at your door.
Oh sinner, ...

Can't you hear him?
Somebody's knocking at your door.
Can't you hear him?
Somebody's knocking at your door.
Oh sinner, ...

Answer Jesus!
Somebody's knocking at your door.
Answer Jesus!
Somebody's knocking at your door.
Oh sinner, why don't you answer?

Somebody's knocking at your door,
at your door.

Questo canto è stato composto nelle Chiese Nere durante i Revival Meeting, ai quali venivano invitati gli schiavi neri che si volevano convertire.

Il ministro iniziava il suo sermone e, ad un certo punto, interveniva una donna che, puntando il dito verso un "peccatore", gridava; "Somebody's knocking at your door". L'assemblea iniziava il canto, ritmato con il battito delle mani e dei piedi, che veniva ripetuto fino a che i "peccatori", pentiti dei loro peccati, si univano anche loro al canto.

Qualcuno sta bussando alla tua porta.
Oh peccatore, perché non rispondi ?
Egli bussa proprio come Gesù.
Non lo senti ?
Rispondi a Gesù.
Qualcuno sta bussando alla tua porta.

WADE in the WATER

Wade in the water
Wade in the water children
Wade in the water
God's gonna trouble the water (2 vv.)

Jordan river is deep and wide
God's gonna trouble the water
I've got a home on the other side
God's gonna trouble the water
I stepped in the water and the water was cold
God's gonna trouble the water
It chilled my body but not my soul
God's gonna trouble the water

If you don't believe I've been redeemed
God's gonna trouble the water
Oh follow me down to the Jordan stream
God's gonna trouble the water
I'm so delete in this land foreign
God's gonna trouble the water

So I'm going to the water, won't you come on in

God's gonna trouble the water

Wade in the water …… (3 vv.)

Il contesto di questi versi è battesimale, infatti si fa riferimento alla discesa nell'acqua di un fiume, dove era amministrato il Battesimo. Inoltre, la frase ripetuta dal coro "Dio agiterà le acque" fa riferimento al brano del Vangelo che parla della piscina di Siloe, dove guariva il malato che per primo si immergeva nell'acqua, non appena questa veniva agitata da un angelo.

Secondo alcuni, questo canto consigliava gli schiavi fuggitivi di seguire i corsi dei fiumi, al fine di depistare i cani mandati al loro inseguimento.

Gettatevi in acqua figlioli,
Dio agiterà le acque.
Il fiume Giordano è profondo e ampio.
Sono entrato nell'acqua ed era fredda,
ha gelato il mio corpo, ma non la mia anima.

FREE AT LAST

Free at last, free at last,
thanks God almighty, I'm free at last. (2 v)

Surely been 'bucked and surely been scorned,
thanks God almighty, I'm free at last,
but still my Soul is a-heaven born,
thanks God almighty, I'm free at last.

If you don't know that I been redeemed,
thanks God almighty, I'm free at last,
follow me down to Jordan stream,
thanks God almighty, I'm free at last.

"Libero finalmente, libero finalmente, grazie a
Dio onnipotente, sono libero, finalmente."

Martin Luther King *scelse il testo di questo*
*Spiritual per chiudere il suo celebre discorso **"I***
have a dream"**, tenuto nel **1963 a Washington
davanti ad una folla di 250000 persone.

Canti di schiavitù e di libertà

GOSPEL

What a wonderful song

"Thomas Andrew Dorsey" accompagna al pianoforte "Mahalia Jackson"

Il **Gospel** costituisce l'adattamento dello Spiritual alle nuove situazioni sociali e alla nuova cultura musicale. Nasce verso la **fine dell'800**, a seguito del grande esodo di neri nelle città del Nord.

Non a caso il Gospel prenderà avvio proprio a **Chicago.**

Le principali differenze fra i due generi sono:

i testi Spirituals sono per lo più biblici e riguardano la comunità, mentre *i testi Gospel* sono di carattere spirituale e riguardano la singola persona.

gli Spirituals venivano cantati per lo più "a cappella" (senza strumenti) ed accompagnati con il battito delle mani e dei piedi, mentre *i Gospel* venivano accompagnati dagli strumenti.

Lo Spiritual, anche quando è vivace, tende a ritmi lineari, mentre *il Gospel* ha una consistente intensità ritmica dovuta alla struttura sincopata e agli strumenti a percussione.

Lo *Spiritual* è musica rurale: nasce nei campi di cotone e nelle Chiese di campagna, mentre *il Gospel* ha radici urbane e nasce all'interno delle Chiese cittadine.

Lo *Spiritual* è musica popolare, nel senso che non si conosce l'autore, mentre *il Gospel* è musica d'autore.

COLONNE PORTANTI DEL GOSPEL

Charles Albert Tindley: *è il precursore del Gospel, ha inserito nei suoi Inni elementi di musica africana (presenti negli Spirituals), mentre nei testi ha inserito brani biblici o originali espressi nel linguaggio parlato dai neri.*

Lucie Eddie Campbell Williams: *è considerata la "Madre del Gospel". Pianista e compositrice, ebbe una parte fondamentale nella diffusione e nella raccolta della nuova musica Gospel. Molte delle sue canzoni sono state arrangiate e cantate da famosi artisti Gospel.*

Thomas Andrew Dorsey: *è considerato il "Padre del Gospel", pianista e compositore di circa 500 canzoni, ha sviluppato il lavoro iniziato da Tindley e Campbell, introducendo elementi di musica Blues e Jazz, dei quali era stato compositore ed esecutore.*

Roberta Martin: pianista, compositrice, ma soprattutto grande armonizzatrice. Il suo gruppo misto "The Roberta Martin Singers" raggiunse un livello artistico ineguagliato all'epoca, trasmettendo sempre forti messaggi cristiani.

James Cleveland: pianista, grande compositore e direttore di coro. Inserì nel Gospel elementi di Jazz e pop.
Fondò un laboratorio di musica Gospel "GMWA" per raggruppare e lanciare nuovi artisti.

Edwin Hawkins: pianista, compositore e arrangiatore, lanciò con il suo gruppo "The Edwin Hawkins Singers" la famosa canzone "Oh happy day", dando avvio al Gospel Contemporaneo.

What a wonderful song

Andrae Crouch: grande pianista, compositore ed arrangiatore, inserì nel Gospel elementi di Jazz, R&B, Rock e classica. Alcune canzoni le compose insieme a sua sorella Sandra.

Richard Smallwood: pianista, compositore e arrangiatore di livello internazionale. Ha inserito nel gospel elementi di musica classica. La sua canzone "Total Praise" è considerata, dopo "Oh happy day", la migliore canzone Gospel di tutti i tempi.

John Prince Kee: cantante e compositore straordinario, fondò una comunità di recupero dei drogati ed il "New life Community Choir".

Kirk Franklin: pianista e compositore di fama, ha integrato lo stile Hip Hop e R&B con il genere Gospel. I suoi testi attualizzano il messaggio di Gesù nella vita di ogni giorno. E' considerato da molti il migliore artista Gospel contemporaneo.

HIS EJE IS on the SPARROW

(Civilla D. Martin e Charles H. Gabriel, 1905)

Why should I feel discouraged ?
Why should the shadows come ?
Why should my heart be lonely
and long for heaven and home,
when Jesus is my portion?
My constant friend is He,
his eye is on the sparrow
and I know He watches me.
His eye is on the sparrow
and I know He watches me.

"Let not your heart be troubled,"
his tender words I hear
and resting on His goodness,
I lose my doubt and fear.
Though by the path He leads me,
one step is all I can see;
His eye is on the sparrow,
and I know He watches me;
his eye is on the sparrow
and I know He watches me.

I sing because I'm happy,
I sing because I'm free;
for His eye is on the sparrow

What a wonderful song

and I know He watches me.
His eye is on the sparrow
and I know He watches me.

L'autrice del testo racconta il fatto da cui trasse l'ispirazione per scrivere questa canzone:

"Una mia cara amica era costretta a vivere in un letto da circa 20 anni, mentre suo marito si spostava su una sedia a rotelle per poter sbrigare le sue mansioni.
Nonostante i loro problemi, vivevano una vita serena e donavano serenità agli amici che andavano a trovarli.
Un giorno, mio marito chiese loro quale fosse il segreto della loro luminosa speranza.
La mia amica rispose semplicemente: "I suoi occhi si posano sul passero e so che Lui mi protegge".
La bellezza di questa semplice espressione di Fede senza limiti fece breccia sui nostri cuori e costituì l'ispirazione per scrivere il testo di questa canzone".

Il titolo fa riferimento alle parole di Gesù (riportate nel Vangelo di Matteo): *"Due passeri non si vendono forse per un soldo? Eppure nessun passero cade a terra se Dio, vostro Padre, non vuole. Perciò non abbiate paura,: voi valete più di molti passeri."*

Questa canzone fa parte dei "Gospel Hymns" che costituiscono il punto di passaggio fra il genere innico ed il Gospel. Il maggior rappresentante di questo genere è Charles Albert Tindley, che viene considerato il precursore del Gospel.

Sono molteplici le interpretazioni di questo canto: Mahalia Jackson, Shirley Caesar, Lauryn Hill e Tanya Blount; queste ultime due l'hanno cantata nel film Sister Act 2, facendola conoscere al grande pubblico.

Perchè dovrei essere scoraggiato ?
Perchè dovrebbero sopraggiungere le ombre ?
Perché dovrei sentirmi solo
e lontano da Dio e da casa,
dal momento che Gesù fa parte della mia vita ?
E' lui il mio amico fedele,
i suoi occhi si posano sul passero
e io so che Lui mi protegge.
I suoi occhi si posano sul passero
e io so che Lui mi protegge.

Canto perchè sono felice,
canto perchè sono libero;
perché i suoi occhi si posano sul passero
e io so che Lui mi protegge.
I suoi occhi si posano sul passero
e io so che Lui mi protegge.

What a wonderful song

WE SHALL OVERCOME

(Tindley-1901, Pete Seeger-1947)

We shall overcome (2 v.),
we shall overcome, some day.
oh, deep in my heart, I do believe,
we shall overcome, some day.

We'll walk hand in hand (2 v.)
we'll walk hand in hand, some day.
oh, deep in my heart, ...

We shall all be free (2 v.)
we shall all be free, some day.
oh, deep in my heart...............

We are not afraid, (2 v.)
we are not afraid, TODAY
oh, deep in my heart...........

*Questa canzone, che divenne **un inno dei
sindacati afro-americani** nel sud degli Stati
Uniti e **dell'attivismo per i diritti civili**, fa
riferimento alla canzone "**I'll overcome some
day**" scritta da **Tindley** nel 1901. **Pete Seeger**
modificò il testo e pubblicò la canzone nel **1947.***

"Trionferemo un giorno.
Lo credo, dal profondo del mio cuore.
Cammineremo mano nella mano un giorno...
Tutti noi saremo liberi un giorno...."

Canti di schiavitù e di libertà   75

JESUS GAVE ME WATER

(Lucie Eddie Campbell Williams, 1946)

Oh, Jesus gave me water,
Jesus gave me water,
Jesus gave me water.
I want to let his praises swell.
Jesus gave me water,
Jesus gave me water,
Jesus gave me water
and it was not in the well.

Well, there was a woman from Samaria
came to the well to get some water.
There she met a stranger
who did a story tell.
That woman dropped her pitcher,
she drank and was made richer
from the water he gave her
and it was not in the well.

Yes he gave her,
Jesus gave her water,
Jesus gave her water.
I want to let his praises swell.
Jesus gave her water,
He gave that woman water,
He gave her living, loving, lasting water
and it was not in the well.

What a wonderful song

Well on that woman he had pity,
she ran back to the city,
crying glory, hallelujah
and did his wonders tell.
She left my Saviour singing,
she came back to him bringing
the town to see that water Lord
and it was not in the well.

Well Lord that woman left for shouting,
there was no room for doubting,
that she had met a Saviour
who did her wonders tell.
Every time she doubt him,
she start to think about him:
the man that gave her that water Lord
and it was not in the well.

*Questa canzone, scritta da **Lucie Eddie Campbell** acquistò un enorme successo nell'interpretazione di **Sam Cook e i Soul Stirrers** nel 1951.*

*Il brano fa riferimento all'episodio, narrato nel **Vangelo**, dell'incontro di **Gesù con la donna samaritana** che, da peccatrice quale era, diventa una missionaria, portando la gente della sua città ad incontrare Gesù.*

PRECIOUS LORD
(Dorsey, 1932)

Precious Lord, take my hand,
lead me on, let me stand,
I am tired, I am weak and worn.
Through the storm, through the night,
lead me on to the light,
take my hand, precious Lord, lead me home.

When my way grows drear,
precious Lord, lead me near,
when my life is almost gone.
Hear my cry, hear my call,
hold my hand, lest I fall,
take my hand, Precious Lord, lead me home.

When the darkness appears
and the night draws near
and the day is past and gone, at the river I stand.
Guide my feet, hold my hand,
take my hand, precious Lord,
take my hand, precious Lord, lead me home.

What a wonderful song

E' la più celebre canzone del grande compositore **Thomas Andrew. Dorsey**, considerato il **"Padre del Gospel"**.

Fu composta a seguito della **morte della moglie e del bambino appena nato**. Di seguito la sua toccante testimonianza.

*"Mi sedetti al piano e **le mie mani cominciarono a vagare sui tasti.** Qualcosa stava accadendo dentro di me. **Mi sentivo in pace**. Mi sentivo come se potessi uscire da me stesso e toccare Dio. Mi ritrovai a suonare una melodia. **Le parole sembravano cadere al posto giusto***:

"Prezioso Signore, prendimi la mano, guidami, rialzami, sono stanco, sono debole, sono sfinito.

Attraverso la tempesta, attraverso la notte conducimi alla luce

Prendimi la mano, prezioso Signore. Portami a casa".

THIS TRAIN

(Sister Rosetta Tharpe, 1939)

This train don't carry no gamblers, this train (2)
this train don't carry no gamblers,
no whiskey drinkers and no high flyers
this train carry no gamblers, this train.

This train is bound for glory, this train, (2 v.)
this train is bound for glory,
don't carry nothing, but the righteous and the
holy,
this train is bound for glory, this train

This train don't carry no liars, this train (2 v.)
this train don't carry no liars,
no hypocrites and no high flyers.
this train don't carry no liars, this train.

This train is built for speed, boy, this train (2 v.)
this train is built for speed,
faster trains you ever did see,
now, this train is built for speed, boy this train.

What a wonderful song

This train is solid black, oh, this train (2 v.)

this train is solid black,

when you go there, you don't come back,

oh this train is built for glory, this train.

This train don't fit no transportation on this train (2 v)

this train, you know, don't fit no transportation,

no Jim Crow and no discrimination on,

this train is bound for glory, this train.

Questa canzone è stata scritta nel **1939** da **Sister Rosetta Tharpe** e diventò presto uno dei suoi maggiori successi.

Il testo riprende il tema del **"treno che porta in Paradiso"**, già trattato nello Spiritual "The Gospel train", precisando quali sono le persone che hanno diritto a tale viaggio.

Il termine "**Jim Crow**" si riferisce alle leggi di segregazione razziale "Jim Crow laws"che, a partire dal 1876, riservavano alcuni servizi pubblici ai soli bianchi e altri ai soli neri.

Su questo treno non c'è
nessuna discriminazione.
Questo treno è diretto verso il Cielo.

WILL the CIRCLE BE UNBROKEN

(Civilla D. Martin e Charles H. Gabriel, 1907)

I was standing by my window,
on one cold and cloudy day,
when I saw that hearse come rolling
for to carry my mother away.

Will the circle be unbroken
by and by, Lord, by and by ?
There's a better home a-waiting
in the sky, Lord, in the sky.

I said to that undertaker:
"Undertaker please drive slow,
for this lady you are carrying,
Lord, I hate to see here go".

Oh, I followed close behind her,
tried to hold up and be brave,
but I could not hide my sorrow
when they laid her in the grave.

I went back home, my home was lonesome,
missed my mother, she was gone.
All of my brothers, sisters crying
what a home so sad and lone

We sang the songs of childhood,
hymns of faith that made us strong,
ones that mother maybelle taught us,
hear the angels sing along.

Questa canzone fa parte dei "Gospel Hymns".
Mentre la musica è rimasta invariata, il testo è
stato modificato da A. P. Carter nel 1935.

Famosi cantanti e gruppi l'hanno interpretata, a
partire dagli Staple Singers, (stile Gospel), Joahn
Baez e Bob Dylan (stile folk) e dal gruppo The
Nitty Gritty Dirt Band (stile Country).

Il testo fa trapelare, pur nella tristezza per la
morte della madre, la speranza di vedere
riannodati i legami presso la casa del Cielo

*Stavo affacciato alla mia finestra
in una giornata fredda e nuvolosa,
quando vidi arrivare il carro funebre
per portare via mia madre.*

*Si riannoderà il legame familiare
prima o poi, o Signore, prima o poi ?
C'è una casa migliore che ci sta aspettando
nel Cielo, o Signore, nel Cielo.*

OH HAPPY DAY
(Edwing Hawkins, 1969)

Oh happy day, *oh happy day (2 v.)*
when Jesus washed, *when Jesus washed (3 v.)*
he washed my sins away, *oh happy day,*
oh happy day, *oh happy day (da capo)*

He taught me how to watch,
fight and pray, fight and pray
and live rejoicing in things everyday, everyday.

Oh happy day.....

*Simbolica data della **nascita del Gospel***
***Contemporaneo è il Giugno 1969** quando, in*
occasione di un meeting di gruppi Gospel al
*Madison Square Garden di **New York**, un coro di*
*50 voci, diretto da **Edwin Hawkins**, interpretò un*
vecchio inno battista del '700 in uno stile
originale e accompagnato da pianoforte, batteria,
congas, basso elettrico.

*Il "**giorno felice**" è quello in cui **Gesù perdona i***
nostri peccati.

I'M GOING UP YONDER

(Walter Hawkins, 1975)

If you wanna know where I'm going,
where I'm going soon,
if anybody asks you where I'm going,
where I'm going soon.

I'm going up yonder (3 vv.)
to be with my Lord

I can take the pain, the heartaches they bring,
the comfort's in knowing I'll soon be gone.
As God gives me grace I'll run this race
until I see my Saviour face to face.

I'm going up yonder, (*Going up yonder*) (2 v.)
I'm going up yonder to be with my Lord.

Il testo esprime il desiderio di raggiungere il
Signore, al termine di una vita intrisa di dolore ed
angosce.
*Questa canzone, **scritta nel 1975 dal fratello di***
***Edwing Hawkins**, è rimasto in vetta alle*
classifiche per tre anni.

"Se vuoi sapere dove sto andando di fretta,
io sto andando lassù
per stare col mio Signore"

SOON and VERY SOON

(Andraé Crouch, "76)

Soon and very soon we are goin' to see the King(3)

Hallelujah, hallelujah, we're goin' to see the King.

No more cryin' there...

No more dyin' there...

Should there be any river we must cross,

should there be any mountains we must climb,

God will supply all the strength that we need,

give us grace 'til we reach the other side.

We have come from every nation, God knows each of us by name,

Jesus took His blood and washed my sins and He washed them all away.

Yes there are some of us who have laid down our lives,

but we all shall live again on the other side.

*Presto, molto presto **noi vedremo il Signore**.*
Sull'altra sponda del fiume vivremo un'altra vita,
***dove non ci sarà più pianto né morte**.*

JESUS IS the ANSWER

(Andraé & Sandra Crouch, 1973)

Jesus is the Answer for the world today.
Above Him there's no other, Jesus is the way
Jesus is the Answer for the world today.
Above Him there's no other, Jesus is the way.

If you have some questions in the corners of your
mind
and traces of discouragement and peace you
cannot find ,
reflections of your past, they seem to face you
everyday,
but this one thing I know for sure, Jesus is the
way.

> I know you got mountains that you think
> you cannot climb.
> I know that your skies are dark, you think
> the sun won't shine.
> In case you don't know that the Word of
> God Is true
> and everything He's promised, He will do
> for you.

Gesù è la risposta per il mondo d'oggi,
sopra di Lui non c'è nessuno, **Gesù è la Via.**

JESUS, WHAT a WONDERFUL CHILD

(arr. Gospel di Mariah Carey)

Jesus, Jesus, oh, what a wonderful child.
Jesus, Jesus, so lowly meek and mild.
New life, new hope, new joy He brings.
Won't you listen to the angels sing
glory, glory, glory to the new born King

He was herald by the angels,
born in a lowly manger.
The Virgin Mary was His mother
and Joseph was His earthly father.

Tree wise men came from afar.
They were guided by a shining star
to see King Jesus where He lay
in a manger filled with hay. Oh...

Questo canto ci porta davanti ad una grotta
*dentro la quale **troviamo il bambino Gesù che***
***giace, coperto di fieno, in una mangiatoia** e*
porta a tutti vita, speranza e gioia.

What a wonderful song

TOTAL PRAISE

(Richard Smallwood, 1996)

Lord, I will lift my arms to the hills,

knowing my help his coming from you.

Your peace you give me in time of the storm.

You are the source of my strength,

You are the strength of my life

I lift my hands in total praise to you (2 volte)

Amen ....

*Questa canzone è stata scritta nel **1996** ed è ritenuta fra le più belle canzoni del **Gospel Contemporaneo.***

*Nelle prime righe del testo si fa probabilmente riferimento al salmo 120 "**Alzo gli occhi verso i monti, da dove mi verrà l'aiuto".***

*"Signore, alzo le mie braccia verso le colline, sapendo che il mio aiuto viene da Te.
Tu doni la tua pace quando infuria la tempesta.
Tu sei la sorgente della mia forza,
Tu sei la forza della mia vita.
Alzo le mie mani in totale affidamento a Te."*

***La formazione classica di Smallwood** trapela dall'andamento quasi liturgico della melodia.*

WHY WE SING ?

(Kirk Franklin, 1993)

Someone asked the question:
"Why do we sing?
When we lift our hands to Jesus,
what do we really mean?"

Someone may be wondering
when we sing our song.
At times we maybe crying
and nothing's even wrong

I sing because I'm happy,
I sing because I'm free,
His eye is on the sparrow :
that's the reason why I sing

Glory Hallelujah. You're the reason why I sing
Glory Hallelujah. I give the praises to You
Glory Hallelujah. You're the reason why I sing

And when the song is over,
we've all said "Amen"
In your heart just keep on singing
and the song will never end.

And if somebody asks you:
"Was it just a show?"
Lift your hands and be a witness
and tell the whole world: "No"

And when we cross that river
to study war no more,
we will sing our songs to Jesus:
the one that we adore

Il testo dà le motivazioni che spingono un gruppo Gospel a cantare: *non per fare spettacolo, ma per esprimere la gioia di essere figli di un Padre che ci ama e ci protegge.*

*"Io canto perché sono felice,
canto perché sono libero,
i Suoi occhi sono sul passero:
questa è la ragione per cui io canto.
E quando la canzone è finita,
nel tuo cuore continui a cantarla
e la canzone non avrà mai fine"*

*Con questa canzone, scritta nel **1993, Kirk Franklin** vinse molti premi, vendette oltre 2 milioni di copie. "Why we sing" rimase al primo posto sul Gospel Charts per 100 settimane.*

DON'T CRY

(Kirk Franklin, 2002)

Why do you cry ? He has risen,
why are you weeping ? He's not dead.
Why do you cry ? He has risen,
why are you weeping ? He's not dead.
He paid it all   on that lonely highway (*hayyyy*)
and his anointing   I can feel.
He shed his blood (*oh oh oh*) for my
transgressions (*oh oh oh*)
and by his stripes we are healed.

Why do you cry ?   He has risen,
why are you weeping ? He's not dead.
So as you go   through lifes journey (*neeeee*),
don't you worry,   lift up your head.
Don't you cry (*oh oh oh*), stop your weeping,(*oh
oh oh*)
He has risen, He's not dead.

Don't	cry,	
wipe	your eyes,	
He's	not	dead.

(*oh oh oh oh*)		
Don't	weep,	
He's not	asleep	
Je-hovah	He's not	dead

```
(oh oh oh oh)
Don't            cry,
wipe             your eyes,
He's             not             dead

(A piena voce,  4 volte)
(oh oh oh oh)
Don't            cry,
wipe             your eyes,
He's             not             dead
```

Il testo fa riferimento all'annuncio della **Risurrezione di Gesù** dato dagli angeli alle donne che si erano recate presso il Sepolcro. **La musica è un continuo "crescendo"** che interpreta il passaggio dall'annuncio sussurrato a quello gridato a piena voce.

"Perché piangete ? Egli è risorto,
Perchè queste lacrime ? Egli non è morto.
Egli pagò tutto quanto su quella alta via solitaria
e io posso sentire il suo messaggio.
Egli sparse il suo sangue per i miei peccati
e dalle sue piaghe noi siamo stati guariti.
Così, mentre cammini sulla strada della vita,
non ti preoccupare, solleva il tuo capo."

ORDER MY STEPS

(E. Burleigh, 1991)

Order my steps in your Word dear Lord,
lead me, guide me every day.
Send your anointing, Father I pray,
order my steps in your Word,
please, order my steps in your Word.

1) Come here I ask Thee: "Teach me your will".
While You are working, help me be still.
While Satan is busy, God is real.
Order my steps in your Word,
please, order my steps in your Word.

2) Bridle my tongue, let my words edify,
let the words of my mouth be acceptable in thy
sight,
take charge of my thoughts both day and night.
Please, order my steps in your Word,
please, order my steps in your Word.

Order my steps in your Word dear Lord…

I want to walk worthy
my calling to fulfill.
Please, order my steps, Lord
and I'll do your blessed will.

The world is ever changing,
but You are still the same.
If You order my steps, I'll praise your Name. (2 v)

Order my steps in your Word,

order my tongue in your Word.

Guide my feet in your Word,

wash my heart in your Word.

Show me how to walk in your Word,
show me how to talk in your Word
When I need a brand new song to sing,

show me how to let your praises ring.

In your Word, in your Word.

Please, order my steps in your Word (2 v.)

Glenn Edward Burleigh *è pianista, compositore
e direttore d'orchestra. Nelle sue canzoni*
Gospel *emergono elementi di* **musica classica**.
Il testo si ispira al salmo 119: "**Rendi saldi i miei
passi secondo la tua parola e su di me non
prevalga il male**". *Questo canto ha ottenuto il
riconoscimento come* "**Canzone dell'anno 1995**"
per i Texas Gospel Awards.

WILL YOU BE THERE?

(Michael Jackson, 1993)

Oh..........

Hold me like the river Jordan
and I will then say to thee
you are my friend

Carry me like you are my brother
love me like a mother
will you be there

Oh..........

Weary tell me, will you hold me
when wrong will you scold me
when lost will you find me

But they told me "A man should be faithful
and walk when not able
and fight 'til the end",
but I'm only human

Oh ....

Everyone's taking control of me
seems that the world's
got a role for me
I'm so confused
will you show to me
you'll be there for me
and care enough to bear me

What a wonderful song

Hold me, lay your head lowly
softly then boldly
carry me there

Lead me, love me and feed me
kiss me and free me
I will feel blessed

Carry, carry me boldly
lift me up slowly
carry me there

Save me, heal me and bathe me
softly you'll say to me
I will be there

Lift me, lift me up slowly
carry me boldly
show me you care

Hold me, lay your head lowly
softly, then boldly
carry me

Need me, love me and feed me
kiss me and free me
I will feel blessed there

Oh...

(parlato)

Nei momenti più bui
nella mia disperazione più profonda
mi vorrai ancora bene?
ci sarai?
Nelle mie difficoltà
nei dubbi e nelle frustrazioni
nella mia violenza
nella mia turbolenza
nella paura e nelle mie confessioni
nell'ansia e nel dolore
attraverso la mia gioia ed il mio dolore
nella promessa di un altro giorno
non ti permetterò mai di andartene
perchè sei sempre nel mio cuore

*"**Will you be there**" è stata composta da
Michael Jackson nel 1993 e fa parte della
colonna sonora del film "**Free Willy - Un amico
da salvare**".*

*La canzone, una delle più note di Michael
Jackson, è una **preghiera che l'autore fa al
suo angelo** perché gli sia accanto in particolar
modo nei momenti duri della vita..*

*Il genere è "Gospel", ad eccezione dell'inizio
preso dalla Sinfonia numero 9 di **Beethoven** ed
eseguito dalla **Cleveland Orchestra**.*

*L'ultima parte parlata è stata tradotta in italiano
per garantirne la comprensione.*

JESUS WILL

(James Cleveland, 1960. Cover Anita Wilson, 2012)

(prima volta solista, seconda volta solista e coro)
Oh oh oh oh
Who opens doors that I cannot see
Jesus will, Jesus will
Oh oh oh oh
Who will make all my decisions for me?
Jesus will, Jesus will.
Who open doors ?

(2 volte solista e coro)
When I'm in trouble, when I'm in trouble
He gives, He gives me a song
In the night season, in the night season
and all, and all
the day long, the day long
And who makes me do right, who makes me do
right
when I, when I
would do wrong ? would do wrong ?
Yeah, Jesus will
Yes He will, Jesus will

Say "Oh Yes", *oh Yes*
Jesus will, *Jesus will,*
I know He will because He said He will, *Oh yes,*
yes

Jesus, *Jesus will*
I know He will, *I know He will,*
He said He will, *He said He will,*
He'll fight my battles, *He'll fight my battles*
If I keep still, *If I keep still*
If I keep still, *I know that He will*
I know that He will, *I know that He will*
I know that He will, *I know that He will*
Jesus will, *Jesus will.*

For I know Jesus will,
for I know yeah, Jesus will
everybody say:
For I know Jesus will (più volte)

Jesus will è stata scritta da **James Cleveland
nel 1960**.
La canzone è stata reinterpretata nel **2012 da
Anita Wilson**, diventando una star nel genere
Urban Contemporary Gospel.
Il testo esprime la totale fiducia in Gesù che
sempre ci aiuta e, in modo particolare, quando ci
troviamo nei guai.

*Chi mi apre le porte, che io neanche intravvedo?
Chi mi aiuterà a prendere le decisioni giuste?
Gesù farà tutto ciò.*

Quando mi trovo nei guai,
Lui mi ispira una canzone.
Nei periodi bui e in ogni ora del giorno,
chi mi aiuta a fare le cose giuste,
quando io le farei sbagliate?
Lui, Gesù, fa tutto ciò.

Perché io so che Gesù mi aiuterà ......

SOUTHERN &
COUNTRY GOSPEL

What a wonderful song

Statesmen Quartet - 1948
Bobby Strickland, Jake Hess, Hovie Lister,
Gordon Hill, Bervin Kendricks

Il **Southern Gospel** nasce agli **inizi del '900** negli stati del sud (Tennessee, Texas...) e, essendo cantato per lo più da quartetti di bianchi, è spesso chiamato "**Quartet music**" o "**White Gospel**".

Fa eccezione il famoso quartetto di neri della Virginia "**Golden Gate Quartet**", provenienti dall'ambiente musicale dei "**Barber Shop**" (questi gruppi provavano le loro canzoni proprio nei retrobottega dei barbieri). Questo gruppo, aperto alle innovazioni e ricerche musicali, realizzò uno stile che incontrava anche il favore dei bianchi e alcuni loro arrangiamenti furono adottati anche dai Southern Gospel più famosi, quali il Blackwood Brothers.

Lo stile, nato con le armonizzazioni a **4 voci maschili**, ha integrato nel tempo gli stili **Country e Bluegrass Gospel** . **I testi** includono spesso forti esperienze spirituali e, con la musica, trasmettono la gioia di vivere.

Grande sviluppo è stato dato dal prolifico compositore **Bill Gaither** con i concerti "**Homecoming"**, che riunivano i quartetti Southern Gospel, **tradizionali e contempo_ ranei**, fra di loro e anche con esponenti del **Black Gospel.**

Fra i principali gruppi sono da ricordare:

The Vaughan quartet (1° quartetto maschile)

The Stamps Quartet (primo hit del Southern Gospel nel 1927)

The Speer family (molti gruppi si formavano a livello familiare)

The Blackwood brothers (come altri gruppi, diffusero le loro canzoni tramite potenti stazioni radio e acquistarono un pulman al fine di rendere meno faticose le loro turnee)

The Statesmen Quartet (forse il miglior gruppo di S.G., ha avuto un rapporto di amicizia e collaborazione con i "rivali" Blackwood Brothers).

The Statler Brothers (insieme al cantante Country **Jonny Cash** interpretarono la famosa canzone "Flowers on the wall")

The Cathedral Quartet (famoso e carismatico il basso George Younce)

The Inspirations (gruppo che si rifà al classico Southern Gospel, con una marcata ispirazione Cristiana)

The Gaither Vocal Band (erede del gruppo familiare **The Gaither trio,** ancora diretti dal fondatore Bill Gaither.)

Hernie Hase & Segnature Sound (formato da Hernie Hase, proveniente dal Cathedral Quartet).

Il **Country Gospel** (chiamato anche **Christian country music**) nasce alla metà del XX secolo.

Il suo sound è simile a quello del country tradizionale, ma se ne differenzia per **il tema religioso** che affronta i problemi della vita e l'intervento di Dio per la loro soluzione. Con il trascorrere degli anni, lo stile musicale

What a wonderful song

diventa più armonioso e si avvicina al genere **pop.**

Nel Country Gospel si sono cimentati anche famosi esponenti del country tradizionale (**Roy Acuff**, **Merle Travis**, **Red Foley**, **Tennessee Ernie Ford**, **Hank Williams**, **Kris Kristofferson**, **Johnny Cash**, **Marty Robbins**, **Jim Reeves...**), del Southern Gospel (**The Oak Ridge Boys**, **The Carter family**, **The Chuck Wagon Gang**, **The Jordanaires...**) e del rock (**Elvis Presley**).

Come nel country tradizionale sono utilizzati strumenti a corda e attualmente anche il piano, la batteria, ecc.

Fra gli artisti tipicamente Country Gospel: **David L Cook**, **Gayla Earlene**, **Jody Miller**, **Lulu Roman**, **Tommy Brandt**.

DADDY SANG BASS

(C. L. Perkins, 1967)

I remember when I was a lad,
times were hard and things were bad,
but there's a silver linin' behind ev'ry cloud:
just poor people that 's all we were
tryin' to make a livin' out of black land dirt,
we'd get together in a family circle singin' loud.

Daddy sang bass, mama sang tenor,
me and little brother would join right in there;
singin' seems to help a troubled soul.
One of these days and it won't be long,
I'll rejoin them in a song,
I'm gonna join the family circle at the throne

No, the circle won't be broken
by and by, Lord, by and by.
Daddy'll sing bass, mama'll sing tenor,
me and little brother will join right in there
in the sky, Lord, in the sky

Now I remember after work,
mama would call in all of us,
you could hear us singin' for a country mile.
Now little brother has done gone on,
but I'll join him in a song,
we'll be together again up yonder in a little while

Daddy sang bass ......

   *"**Daddy sang bass**" è stato scritto da **Carl Perkins** nel **1967**. Nel canto è stato inserito un frammento del famoso gospel "**Will the circle be unbroaken**" per riaffermare la convinzione che i legami terreni non si spezzano con la morte.*

*Nel 1968 la canzone fu registrata da **Johnny Cash**, piazzandosi al primo posto nella classifica della musica country per sei settimane.*

"Papà cantava da basso, mamma da tenore, io e il mio fratellino ci inserivamo bene nel coro; uno di questi giorni, e non deve essere fra molto, mi riunirò a loro in una canzone. Voglio unirmi nel cerchio della famiglia in Cielo".

I'M TELLING THE WORLD ABOUT HIS LOVE

(Kenneth Fulkerson, 1941)

In sin I wandered, talents I squandered,

I did not hear (*my brother*), Him whom I need.

Then Jesus found me, from sin unbound me,
and now I'm telling the world about His love
(*His wondrous love*)

I love to sing about my King (*wonderful King*)
and make His praises gladly ring (*gladly to ring*)

He gave His life (*gave His own life*)

on Calvary's tree (*Calvary' tree*),

that we from sing might be made free
(*might be made free*).

I'm happy to say *(I am glad to say)*:

I'm on the right way *(I am on the way)*,

that leads from night *(that leads from night)*

to perfect day *(unto perfect day)*.

This joy to know *(only I know)*

this friend of above (*Jesus above*),

that's why I'm telling the world about His love
(*His wondrous love*)

Yonder in glory, we'll tell the story

of Christ my Lord (*my Savior*), trusting His word.

With saints and sages through endless ages,
we will tell the whole world about His love
(*His wondrous love*)

I love to sing about my King……

I'm happy to say…..

Chi ha fatto l'esperienza della schiavitù del peccato e della successiva liberazione da parte di Gesù, non può che **raccontare al mondo intero il suo meraviglioso amore**.
Questo canto è stato interpretato da quasi tutti i gruppi **Southern Gospel** ed, in particolare, dall'**Oldest Living Quartet** (il cui tenore ha 93 anni). In questa interpretazione, nell'ultimo ritornello, le parole sono simpaticamente sostituite dalle note musicali.

"Ho vagato nel peccato, ho sprecato talenti, non ho dato retta a Lui, pur avendone bisogno. Ora sto raccontando al mondo il suo Amore".

I'M GONNA SING

(Bill & Gloria Gaither, 2002)

I'm gonna sing just as long as it takes for a song

to make sad, heavy spirits free.

*I'm gonna keep making music that carries the
secret*
that Jesus is liberty.
*I'm gonna turn off the sounds that would drag
people down*

to the pit of despondency.

With the sweet happy tune

He is coming soon

for His children like you and me

It's a song that'll carry a message along through
the densest of foggy nights
and a tune is the rope
that can throw a man hope.
When he's going down for the third time,
it's a sweet melody that can cut your heart free
from the chains of a past defeat.
You can suddenly see through the sweet
harmony
a path for your wandering feet

What a wonderful song

Don't tell me the world is a hopeless old place
and I might as well give in,
to the doom and gloom-life's a waiting room

for the blow that'll do us all in,
I can't sympathize when before my eyes

is a hope shining as bright as day,
I gotta follow the song that keeps drawing me on
with my feet dancing all the way

Bill Gather *ha composto la musica, mentre la
moglie* **Gloria** *il testo, di questo canto che dà alle
persone depresse o disperate la buona notizia
che* **Gesù è libertà e sta arrivando subito per
donare la sua gioia***.*

*La positività del testo è supportata da una
musica gioiosa e coinvolgente.*

*"Voglio cantare per liberare le persone dalla
tristezza. Voglio ottenere ciò facendo musica
che trasmetta il messaggio che "Gesù è libertà"
Voglio far tacere i suoni che fanno precipitare le
persone nell'abisso dello scoraggiamento.
Con il dolce e felice motivo, Gesù arriva presto
per i suoi figlioli come te e me."*

I'M FREE

(Gloria & Bill Gaither, 1968)

So long I had searched for life's meaning,
enslaved by the world and my greed;
then the door of my prison was opened by love,
for the ransom was paid, I was freed.

I'm free from the fear of tomorrow,
I'm free from the guilt of the past;
for I've traded my shackles for a glorious song;
I'm free ! Praise the Lord ! Free at last!

I'm free from the guilt that I carried,
from the dull empty life I'm set free;
for when I met Jesus, He made me complete,
He forgot the foolish man I used to be.

I'm free from the fear of tomorrow,
I'm free from the guilt of the past;
For I've traded my shackles for a glorious song;
I'm Free ! Praise the Lord ! Free at last!
(2 volte)

What a wonderful song

*Per lungo tempo ho cercato il significato della
mia vita,
reso schiavo dal mondo e dalla mia avidità;
poi la porta della mia prigione fu aperta
dall'amore,
essendo pagato il riscatto, fui liberato.*

*Sono libero dalla paura del domani,
sono libero dai rimorsi del passato;
mi sono servito delle mie catene per scrivere
questo canto di lode;
sono libero ! Lodate il Signore ! Libero
finalmente !*

*Sono libero dai rimorsi che mi portavo dentro,
sono libero dalla vita vuota e noiosa;
quando ho incontrato Gesù, mi sono sentito
realizzato,
Egli dimenticò lo stolto uomo che ero.*

Sembra che il testo sia una testimonianza data
da **Michael English**, l'attuale voce leader del
famoso gruppo **The Gaither Vocal Band**, uscito
da alcuni anni da una grave dipendenza da
farmaci. Durante un incontro "di famiglia" del
gruppo Gaither, Michael si commuove mentre
accenna una strofa di *I'm free*.

(http://www.youtube.com/watch?v=yD2YJF7Ur28)

What a wonderful song

I SAW the LIGHT

(Hank Williams, 1948)

I wandered so aimless life filled with sin
I wouldn't let my dear Savior in.
Then Jesus came like a stranger in the night.
Praise the Lord, I saw the light.

I saw the light, I saw the light
no more in darkness, no more night.
Now I'm so happy, no sorrow in sight
Praise the Lord, I saw the light.

Just like a blind man I wandered along.
Worries and fears I claimed for my own.
Then like the blind man that God gave back his
sight
Praise the Lord, I saw the light

I was a fool to wander and stray.
Straight is the gate and narrow the way.
Now I have traded the wrong for the right.
Praise the Lord, I saw the light.

Ho vagabondato senza scopo,
vivendo nel peccato.
Non ho lasciato entrare il mio Salvatore.
Poi Gesù venne, uno sconosciuto nella notte.
Loda il Signore, io ho visto la luce.

...Ora sono felice, nessun affanno in me.
Loda il Signore, io ho visto la luce.

CRYING in the CHAPEL

(Artie Glenn, 1950)

You saw me crying in the chapel,
the tears I shed were tears of joy.
I know the meaning of contentment,
now I'm happy with the Lord.

Just a plain and simple chapel,
where humble people go to pray.
I pray the Lord that I'll grow stronger,
as I live from day to day.

I've searched and I've searched, but I couldn't
find
no way on earth to gain peace of mind.

Now I'm happy in the chapel,
where people are of one accord.
Yes we gather in the chapel,
just to sing and praise the Lord

What a wonderful song

You'll search and you'll search, but you'll never find
no way on earth to gain peace of mind.

Take your troubles in the chapel,

get down on your knees and pray.
Then your burdens will be lighter

and you'll surely find the way.

Questa canzone fu scritta da **Artie Glenn** a seguito di un ricovero all'Ospedale. Appena dimesso, si recò presso una **chiesetta** dove trovò **l'ispirazione.** "Crying in the chapel" fu lanciata dal figlio dell'autore in stile "country gospel" e raggiunse un successo mondiale con l'interpretazione di **Evis Presley, Ella Fitzgerald e Mahalia Jackson**.
In Italia è stata interpretata da **Bobby Solo** nella versione **"La casa del Signore"**

"Tu mi hai visto piangere nella Cappella,
le lacrime che ho versato erano lacrime di gioia.
Porta le tue preoccupazioni nella Cappella,
inginocchiati e prega.
Allora i tuoi fardelli saranno più leggeri e tu
sicuramente troverai la strada"

WHY ME (LORD)

(Kris Kristofferson, 1972)

Why me, Lord? What have I ever done
to deserve even one
of the pleasures I've known.
Tell me Lord: what did I ever do
that was worth lovin' you
or the kindness you've shown

Lord help me, Jesus, I've wasted it,
so help me Jesus I know what I am,
but now that I know that I've needed you so
help me, Jesus, my soul's in your hand.

Try me Lord, if you think there's a way,
I can try to repay
all I've taken from you.
May be Lord, I can show someone else
what I've been through myself
on my way back to you

Testo e musica dello statunitense
cantante/compositore Country **Kris
Kristofferson** (1972) – Stile **Country Gospel**

L'ispirazione del testo è nata, dopo aver partecipato alla funzione religiosa della domenica mattina, mentre Kristofferson faceva ritorno a casa, pensando alla vita di tipo edonistico fatta in passato.

La canzone fu registrata insieme alla futura moglie **Rita Coolidge** e a **Larry Gatlin** e risultò essere la sua canzone più famosa.

Elvis Presley incluse *"Why me, Lord"* nei suoi concerti a partire dal 1974, fino all'ultimo.

Il famoso cantante Country **Johnny Cash** la registrò nel 1994.

Perché proprio a me, Signore?
Cosa ho mai fatto
per meritare anche una sola
delle belle cose che ho vissuto?
Dimmi Signore: cosa ho mai fatto
da essere meritevole del tuo amore
o della gentilezza che hai avuto con me?

Signore aiutami, Gesù, ho sprecato tutto,
aiutami Gesù, mi rendo conto di chi sono,
ma ora che riconosco
di aver avuto bisogno di te,
aiutami, Gesù, sono nelle tue mani.

SOUTH AFRICAN SONGS

What a wonderful song

Soweto Gospel Choir

Fra i numerosi generi musicali del **Sud Africa**, uno dei più famosi è il Gospel.

Il South African Gospel nasce negli anni '20, come sintesi delle musiche a carattere religioso portate in Africa dai missionari cristiani (in particolare dalle **Zionist Christian Churches**) e la musica tradizionale africana.

Con il passare degli anni, sono stati inseriti nel *South African Gospel* elementi appartenenti al **Gospel degli Stati Uniti**, al **Pop contemporaneo**, ecc..

Si tratta generalmente di una **musica gioiosa** come gioioso è il carattere dell'africano che sa apprezzare le bellezze della natura, i valori dell'accoglienza e della gratitudine e, soprattutto, sa affrontare le difficoltà della vita nella certezza di avere un Padre che lo veglia dall'alto.

Fra i tanti artisti **gospel** sono da segnalare:

- **Rebecca Malope**: in circa 30 anni di attività ha inciso 32 CD. Nel 2003 vinse il **KORA All**

What a wonderful song

African **Music Award** per la migliore cantante Gospel. E' considerata la **regina** del **S.A. Gospel**.

- <u>**Ladysmith Black Mambazo**</u> è un gruppo maschile che canta a " cappella". Dopo la collaborazione con **Paul Simon** per la realizzazione dell'album "**Graceland**", il gruppo raggiunge una fama internazionale.

- **Nikeku Joseph Dumako**: grande tastierista e compositore, è stato il più grande innovatore del S.A. Gospel negli anni '80. Ha fondato il **Holy Cross Choir** e il **Holy Spirits Choir.**

- **The Soweto Gospel Choir**: il gruppo, di fama mondiale, assembla gli stili del Gospel Africano, dello Spiritual, del reggae e del pop

- **Deborah Fraser:** ha vinto negli anni 2000 il Crown Gospel Music Award, come migliore cantante Gospel femminile.

- **Vuyo Mokoena:** famoso solista del gruppo "**Pure Magic**". Tale gruppo è stato formato dal tastierista, compositore ed arrangiatore **Sizwe Zako,** che contribuì alla creazione del Contemporary South African Gospel, inserendo elementi di Jazz e Pop nel Traditional Gospel.

A questo sintetico elenco di *artisti storici*, occorre tuttavia citare, fra i tanti, i seguenti *cantanti:*
Benjamin Dube, Sipho Makhabane, Kholeka, Kgotso, Keke Phoofolo, Solly Mahlangu

ed i seguenti *gruppi:*
Spirit of Praise Choir, Joyous Celebration, Worship House, Lusanda Spiritual Group.

Fra le canzoni scelte in questo capitolo, solo due appartengono al genere Gospel (*Thank you Lord* e *Freedom is coming*), mentre le altre appartengono alla tradizione del Sud Africa, o cantate da famosi gruppi sudafricani.

Per approfondimenti del South African Gospel:

http://www.folkworld.de/42/e/south.html

(Storia della South African Music)

http://www.worldmusic.net/guide/music-of-south-africa/

(Storia della South African Music e alcuni video)

http://www.youtube.com/watch?list=PL467DF305670704D6&v=ALmWq67PdMQ

South african Gospel Music Video (121 video)

http://africangospellyrics.wordpress.com/tag/south-african-gospel-lyrics/

Gospel dell'Africa Testi e video (898 testi e video)

THE LIONS SLEEPS TONIGHT
(Trad. Zulu, di Solomon Linda, anni '40)

Wimoweh,.......................
In the jungle, the mighty jungle,
the lion sleeps tonight (2 volte)
Weeee, owimoweh, weeee, owimoweh.

Near the village, the peace-full village,
the lion sleeps tonight (2 volte)

Hush my darling, don't fear my darling,
the lion sleeps tonight (2 volte)

Canzone scritta sulla base di una melodia
africana, **Wimoweh** degli **Zulu**, da **Solomon
Linda** e **The Evening Birds** e, successivamente,
modificata e portata al successo da **Hank
Medress** e **The Tokens** (1961).
Molto suggestiva la terza strofa nella quale una
mamma tranquillizza il suo bambino dicendogli
che il leone sta dormendo.

What a wonderful song

THANK YOU LORD

(Rebecca Malope, 1999)

Halleluya, *oh Lord I thank you, Lord (3volte)*
for the days of my life.

Halleluya, *oh yes I thank you, Lord (3volte)*
for the days of my life,

Oh Lord I thank you, Lord (3volte)
for the days of my life
oh yes I thank you, Lord (3volte)
for the days of my life.

Can't say goodbye,
forever in my heart.
Can't imagine my life without you .
Can't say bye bye,
you'r always in my mind.
Can't imagine my life without you.

Alleluia, o Signore, io ti ringrazio
per i giorni della mia vita.
Non posso dire "Addio",
per sempre nel mio cuore.
Non posso immaginare la mia vita senza di Te.
Non posso dire "Ciao",
sei sempre nella mia mente.
Non posso immaginare la mia vita senza di Te.

Rebecca Malope

What a wonderful song

FREEDOM is COMING

Freedom is coming, oh yes I know!
Jesus is coming, oh yes I know!
Freedom is coming, oh yes it's now!

Questo canto del Sud Africa è stato tradotto da **Anders Nyberg,** un compositore e direttore di coro **svedese** che è stato un anno nel Sud Africa per studiare e registrare i canti tradizionali.
Nel 1981 Nyberg propose di sostituire **Jesus** con **Freedom** e, in tale versione la canzone non potè essere cantata nelle Chiese del Sud Africa fino a che cessò l'oppressione dei neri.

A pochi giorni dalla morte di Nelson Mandela, in occasione del concerto in sua memoria, Nyberg aggiunse alla fine del canto la frase "**Freedom is coming, Oh yes it's now!"** (La libertà sta arrivando, oh si, è arrivata proprio ora).

Nel testo riportato sopra, ci sono entrambe le espressioni, relativamente a **Jesus** e a **Freedom**.

SIYAHAMBA

Siya hamb' ekukhanyeni kwenkhos, (5 volte)
siya hamb'ekukhanyeni kwenkhos (ni kwenkhos)

Siya hamba, hamba, siya hamba, hamba,
Siya hamb'ekukhanyeni kwenkhos (ni kwenkhos)
Siya hamba, hamba, siya hamba, hamba,
siya hamb'ekukhanyeni kwenkhos. Oh, oh

We are marching in the light of God, (5 volte)
we are marching in the light of God (light of God)

We are marching, marching,
we are marching, marching,
we are marching in the light of God (light of God)

We are marching, marching,
we are marching, marching,
we are marching in the light of God. Oh, oh

Il verbo "marching" può essere sostituito nelle
ripetizioni con i verbi "walking", "dancing", "singing",
"living".....

Siyahamba è un Inno del Sud Africa, scritto in lingua Zulu.

Questo canto è stato raccolto dal musicista svedese Anders Nyberg nel 1978, durante una tournée fatta con il suo gruppo musicale, su invito della Chiesa Luterana Evangelica del Sud Africa.

Nel 1984, Nyberg fece un'armonizzazione del canto a 4 voci e la inserì in una sua raccolta di canti di protesta e di lode del Sud Africa "Freedom is Coming: Songs of Protest and Praise from South Africa".

Nel 1994 "Siyahamba" fu pubblicata negli Stati Uniti con il titolo "We Are Marching in the Light of God", corrispondente alla traduzione del testo originale.

Questo canto è adatto sia durante una processione offertoriale, sia durante una marcia per la pace, sostituendo la parola God con Peace.

BABA YETU

(Christopher Tin, 2005)

Baba yetu, yetu uliye Mbinguni yetu, yetu, amina!
Baba yetu, yetu, uliye. Jina lako litukuzwe.

Baba yetu, yetu uliye Mbinguni yetu, yetu, amina!
Baba yetu, yetu, uliye. Jina lako litukuzwe.

Utupe leo chakula chetu
Tunachohitaji utusamehe
Makosa yetu, hey!
Kama nasi tunavyowasamehe
Waliotukosea usitutie
Katika majaribu, lakini
Utuokoe, na yule, milelea milele!

Baba yetu, yetu uliye ...

Ufalme wako ufike utakalo
Lifanyike duniani kama mbinguni. (Amina)

Baba yetu, yetu uliye ...

Utupe leo chakula chetu
Tunachohitaji utusamehe
Makosa yetu, hey!
Kama nasi tunavyowasamehe
Waliotukosea usitutie
Katika majaribu, lakini

What a wonderful song

Utuokoe, na yule, simovu mwehu

Baba yetu, yetu, uliye
Jina lako litukuzwe (2 volte)

*"**Baba Yetu**" corrisponde al "**Padre Nostro**" nella*
*lingua "**Swahili**". E' stato composto nel 2005 da*
***Tin Christopher**, musicista americano di origine*
cinese, per il video gioco "Civilization IV".
*E' stato interpretato dal **Soweto Gospel Choir**.*

Our Father, Jesus, who art
in Heaven. Amen!
Our Father, Jesus,
hallowed be thy name.
Give us this day our daily bread,
forgive us of
our trespasses
as we forgive others
who trespass against us.
Lead us not into temptation, but
deliver us from Evil, and you are forever and
ever!
Your kingdom come, your will be done
on Earth as it is in Heaven. (Amen)

HOMELESS

(Paul Simon & Ladysmith Black Mambazo, 1986)

Emaweni webaba   *silale maweni*
Webaba   *silale maweni* (9 v)

Homeless, homeless
Moonlight sleeping on a midnight lake (2 v)
We are *homeless*, we are *homeless*.
The moonlight sleeping on a midnight lake (2 v)

Zio yami,   zio yami, nhliziyo yami
Nhliziyo yami   amakhaza asengi bulele
Nhliziyo yami,   nhliziyo yami
Nhliziyo yami,   angibulele amakhaza
Nhliziyo yami,   nhliziyo yami
Nhliziyo yami   somandla angibulele mama
Zio yami,   nhliziyo yami
Nhliziyo yami,   nhliziyo yami

Too loo loo, too loo loo
Too loo loo loo loo loo loo loo loo loo (2 v)

Strong wind, *strong wind*, strong wind, *destroy*
our home.
Many dead, tonight it could be you
Strong wind, *strong wind*, strong wind.
Many dead, tonight it could be you.

And we are
homeless, homeless.
Moonlight sleeping on a midnight lake (3 v)

Somebody say *ih hih ih hih ih*
Somebody sing *hello, hello, hello*
Somebody say *ih hih ih hih ih*
Somebody cry *why, why, why?* (2 v)
Somebody say *ih hih ih hih ih*

Yitho omanqoba (ih hih ih hih ih)
yitho omanqoba
Esanqoba lonke ilizwe
(ih hih ih hih ih) Yitho omanqoba (ih hih ih hih ih)
Esanqoba phakathi e England
Yitho omanqoba
Esanqoba phakathi e London
Yitho omanqoba
Esanqoba phakathi e England

Somebody say *ih hih ih hih ih*
Somebody sing *hello, hello, hello*
Somebody say *ih hih ih hih ih*
Somebody cry *why, why, why?* (2 v)

Kuluman
Kulumani, Kulumani sizwe
Singenze njani

Baya jabula abasi thanda yo
Ho

Questa canzone fa parte dell'album "**Graceland**" composto da **Paul Simon** in collaborazione con i **Ladysmith Black Mambazo**. Il testo si alterna in lingua **zulu ed inglese** e parla del dramma di chi rimane **senzatetto** a seguito di un uragano.

Senzatetto, senzatetto

Il chiaro di luna si addormenta su un lago a mezzanotte.

Noi siamo senzatetto, noi siamo senzatetto.

Un forte vento distrugge la nostra casa.

Molti morti, questa notte potresti esserci tu.

Qualcuno canta "Ciao, ciao,..".
Qualcuno piange "Perché, perché .."

Ladysmith Black Mambazo

THULA BABA

(Ninna nanna Zulu)

Thula thul, thula baba, thula sana,
Thul'u babuzo uzobuya, eku seni.
Thula thul, thula baba, thula sana,
Thul'u babuzo uzobuya, eku seni.

Kukh'in khanyezi, ziholel' u baba,
Zimkhan yisela indlel'e ziyakhaya,
Sobe sik hona xa bonke beshoyo,
Bethi buyela ubuye le khaya.

Thula thula thula baba,
Thula thula thula sana
Thula thula thula baba,
Thula thula thula san

Thula baba è un ninna nanna popolare Zulu,
eseguita da vari artisti sudafricani, fra i quali
Miriam Makeba e il Soweto Gospel Choir (inclusa
nell'album Voices from Eaven del 2005).

Sta buono ragazzo mio,
sta buono bambino mio,
sii bravo, papà sarà a casa entro l'alba.

C'è una stella che lo guiderà a casa,
la stella illuminerà la sua strada.

Le colline e le rocce
sono ancora le stesse, amore mio,
la mia vita è cambiata,
sì la mia vita è cambiata.

AFRICAN DREAM

(Alan Lazar, Marilyn Nokwe, 1996)

Ooh... Ooh...

Sometimes, alone in the evening,
I look outside my window
shadows in the night.
I hear the sound of distant crying,
the darkness multiplying
the weary hearts denied

All I feel is my heart beat,
beating like a drum,
beating with confusion.
All I hear are the voices
telling me to go,
but I can never run

'cos in my African Dream
there's a new tomorrow.
My African dream
is a dream that we can follow

Now when the night begins to fall,
I listen for your call,
I listen for your heartbeat.
Alone my dream is just a dream,

What a wonderful song

another false illusion,
a shadow in the night

All I want is for our heartbeat
to beat just as one,
to silence that confusion.
Then the pain and the illusion
will disappear again
and we will never run

'cos in my African Dream ......

And though it seems
my hope is an illusion,
my African dream
brings an end to the confusion.

Bawetu we Afrika
Sinelusasa elihle
Igugu le Afrika
Sizolilandela ma Afrika

Siyayibona inhlanzi
Ukukhanya kwentokozo
Igugu le Africa
Ukuphela kwenkinga zonke

African Dream è stata registrata dalla cantante sudafricana Vicky Sampson nel 1996 e cantata in occasione dei campionati mondiali di calcio tenuti in Sud Africa nello stesso anno. E' stata premiata con il titolo di **South African Song of the Year** ed è nota come "**Inno non ufficiale del Sud Africa**". Nel 2005 è stata inserita nel repertorio del Soweto Gospel Choir.

A volte, solo nella sera,
guardo dalla mia finestra le ombre nella notte.
Tutto ciò che avverto è il battito del mio cuore,
che risuona come un tamburo,
che batte in modo confuso.
Tutto ciò che sento sono le voci
che mi dicono di andare,
ma non posso mai partire.

Perché nel mio sogno africano
c'è un nuovo domani.
Il mio sogno africano è un sogno
che possiamo realizzare.

What a wonderful song

Ray Charles

SOUL

What a wonderful song

Soul, che letteralmente significa **anima,** è un termine che venne impiegato a partire dagli **anni '60,** per riferirsi a quella parte della **musica nera** derivante dalla fusione del Gospel con il **Rhythm and Blues.**

Tuttavia, durante le rivendicazioni dei diritti civili dei neri, il termine "Soul" venne anche ad avere il significato di "**Afro American Pride** (Orgoglio degli afro americani)".

I testi, a differenza del Gospel che ha quasi sempre uno sfondo religioso, si allargano **all'amore fra uomo e donna**, determinando fra i vari artisti diversità di idee e di stili di vita, quasi una scelta fra Dio ed il sesso.

A tale proposito è interessante il confronto fatto da *Piero Scaruffi* fra ***Ray Charles*** e ***Aretha Franklin***:

"Charles ha inserito testi profani nella musica sacra, mentre la Franklin ha santificato la propria vita privata. Charles ha sostituito l'amore spirituale con l'amore corporale, mentre la

Franklin ha esaltato l'amore corporale come veicolo di salvezza e redenzione".

Di seguito sono citati alcuni fra i grandi artisti del SOUL, suddividendoli fra coloro che hanno creato il genere musicale e in base alla loro connotazione geografica, in quanto questa ha espresso uno stile particolare.

<u>*Padri del Soul:*</u>
Sam Cooke (Cicago, vocalist, radici gospel)
Jackie Wilson (Detroit, vocalist)
Ray Charles (Los Angeles, vocalist e pianista)
Aretha Franklin (Detroit, radici Gospel, *Regina del Soul*)
James Brown (Georgia, vocalist, compositore)

Chicago Soul

Curtis Mayfield: (chitarrista, compositore, arrangiatore, vocalist). Leader del gruppo **Impressions.**

Philadelphia Soul

Solomon Burke: (preacher, compositore, vocalist).

Detroit Soul (Motown Sound)

Brian Holland, Lamont Dozier, Eddie Holland (H-D-H): (compositori e arrangiatori)

The Supremes : (trio femminile di Diana Ross)

Martha Reeves & The Vandellas: (trio femminile)

The Temptations: (quintetto maschile)

William Smokey Robinson: (compositore, arrangiatore, poeta, romantic soul vocalist, leader del gruppo **The Miracles**).

Marving Gaye (vocalist e compositore)

Stevie Wonder: (multi strumentista cieco, compositore e arrangiatore)

Southern Soul (a sua volta questo genere si suddivide nei seguenti sottogeneri)
Memphis Sound
Wilson Pickett: (Alabama, radici gospel, cantante)
Otis Redding: (Georgia, cantante , compositore)
New Orleans Soul
Irma Thomas: (_Regina del New Orleans Soul_ e compositrice).

Da aggiungere in questa lista il cantante e compositore (Soul e R&B) **Ben E. King** che, insieme a **Jerry Leiber** and **Mike Stoller**, compose nel 1961 la famosa canzone "**Stand by me**". Il testo viene riscritto in italiano (migliorando quello originale) da Don Backy e cantato da Adriano Celentano "Pregherò".

Aretha Franklin

GEORGIA on my MIND

(Stuart Gorrell, Hoagy Carmichael, 1930)

Georgia, oh Georgia,
the whole day through
just an old sweet song
keeps Georgia on my mind

Oh Georgia, oh Georgia,
a song of you
comes as sweet and clear
as moonlight through the pines

Other arms reach out to me,
other eyes smile tenderly,
still in peaceful dreams I see
the road leads back to you

I said Georgia,
ooh Georgia, no peace I find,
just an old sweet song
keeps Georgia on my mind

Other arms reach out to me ...

Georgia, Georgia,
no peace, no peace I find,
just this old, sweet song
keeps Georgia on my mind

What a wonderful song

I said just an old sweet song
keeps Georgia on my mind

La canzone è diventata universalmente popolare
nella cover registrata nel **1960** da **Ray Charles**.

Nel 1979 Ray Charles la cantò davanti
all'**Assemblea Generale della Georgia**. Dopo
l'esibizione l'Assemblea adottò il brano come
canzone ufficiale dello stato.

*Georgia, oh Georgia, dal mattino alla sera
una vecchia e dolce canzone
si fissa nella mia mente.
Altre braccia mi stringono,
altri occhi mi sorridono dolcemente,
ma ancora vedo nei sogni sereni
che la strada mi riporta a te.*

I SAY a LITTLE PRAYER

(Burt Bacharach, Hal David, 1967)

The moment I wake up,
before I put on my makeup, *(makeup)*
I say a little.*(prayer for you)*
While combing my hair now
and wondering what dress to wear now, *(wear now)*
I say a little *(prayer for you)*.

*Forever, and ever, you'll stay in my heart
and I will love you
Forever, and ever, we never will part.
Oh, how I love you.
Together, forever, that's how it must be
to live without you
would only mean heartbreak for me.*

I run for the bus, dear,
while riding I think of us, dear, *(as dear)*

I say a little prayer for you.
At work I just take time
and all through my coffee break-time, *(break-time)*
I say a little prayer for you.

My darling believe me, (*believe me*)

for me there is no one but you.

Please love me too

and I'm in love with you (*answer my pray*)

Answer my prayer now babe (*answer my pray*)

and I'm in love with you (*answer my pray*)

Answer my prayer (*answer my pray*)

La canzone, scritta per **Dionne Warwick**, ottenne un grande successo dalla sua interpretazione e, un anno dopo, anche dalla versione di **Aretha Franklin**, realizzata in stile SOUL insieme al gruppo **The Sweet Inspirations**.

Quando mi sveglio, prima di farmi il trucco,
recito una breve preghiera per te.
Mentre mi pettino e penso a quale vestito indossare,
recito una breve preghiera per te.

Per sempre tu sarai nel mio cuore e io ti amerò.
Mai ci separeremo.
Insieme, per sempre,
vivere senza te mi farebbe morire.

HALLELUJAH
(Leonard Coehn, 1984)

Ventotto anni di carcere
nel lontano Sud Africa,
un vecchio nero vien liberato.
Dall'auto vede, lungo la via,
anche i bianchi gli fanno festa,
sorride al mondo nuovo che nasce.

Hallelujah, hallelujah, hallelujah, hallelujah.

Ventotto Agosto sessantatré,
grande folla a Washington c'è,
un leader nero racconta un sogno.
"Verrà il giorno che insieme
i bianchi e i neri siederàn
al tavolo della vera fratellanza".

Hallelujah, hallelujah, hallelujah, hallelujah

What a wonderful song

Gerusalemme, tanti anni fa,

sul Calvario, fuori città,

appeso a una croce c'è un uomo che muore.

Lui chiede a Dio di aver pietà

di chi è caduto, o non ce la fa:

dal cielo scende una lacrima sull'uomo.

Hallelujah, hallelujah, hallelujah, hallelujah

*"**Hallellujah**" è stata registrata per la prima volta nel 1984 da **Leonard Coehn,** in stile Folk - Rock - Gospel.*
*Nel 1994 **Jeff Buckley** fece una cover di grande successo.*
*Nel 2008 la cantante britannica **Alexandra Burke** la interpretò in stile "**Soul",** vincendo l'edizione inglese di "X Factor".*

Il testo è stato cambiato da noi,** proponendo dei flash relativi a tre personaggi che hanno speso la loro vita per liberare i fratelli in schiavitù: **Nelson Mandela, Martin Luther King e Gesù.

HIGHER and HIGHER

(Gary Jackson, Raynard Miner and Carl Smith, 1967)

Your love, liftin' me higher
than I've ever been lifted before,
so keep it up, quench my desire
and I'll be at your side forevermore

You know your love (your love keeps liftin' me)
keeps on liftin' (your love keeps liftin' me)
higher (liftin' me, liftin' me), higher, and higher
(higher).
I said your love (your love keeps liftin' me)
keeps on (liftin' me, liftin' me)
liftin' me (liftin' me) higher and higher (higher).

Now once I was down hearted,
disappointment was my closest friend,
but then you came and he soon departed
and you know he never showed his face again.

That's why your love (your love keeps liftin' me)
....

I'm so glad, I finally found you,
Yes, that one in a million girls
and I wish my lovin' arms around ya
honey, I can stand up and face the world

*Let me tell ya your love (your love keeps liftin'
me)
keeps on liftin' (your love keeps liftin' me)
higher (liftin' me, liftin' me), higher, and higher
(higher)
I said your love (your love keeps liftin' me)
keeps on (liftin' me, liftin' me)
liftin' me (liftin' me) higher and higher (higher)*

*"**Higher and Higher**" è stato scritto da **Gary
Jackson, Raynard Miner and Carl Smith** e
interpretato da **Jackie Wilson** nel **1967** (famoso
cantante R&B, Soul e Pop) in **stile Soul.**
La seconda registrazione storica fu fatta da **Rita
Coolidge nel 1977,** in **stile Rock**.
Entrambe le versioni ottennero un enorme
successo.*

*"Un giorno ero depresso,
il mio più caro amico fu una delusione,
ma allora arrivasti tu.
Ecco perché il tuo amore
mi solleva più in alto."*

LEAN on ME

(Bill Withers, 1972)

1) Sometimes in our lives we all have pain,
we all have sorrow.
*But if we are wise, we know that there's
always tomorrow.*

*Rit) Lean on me, when you're not strong
and I'll be your friend, I'll help you carry on,
for it won't be long 'till I'm gonna need
somebody to lean on*

2) *Please swallow your pride if I have things
you need to borrow,
for no one can fill those of your needs
that you won't let show.*

Just call on me brother, when you need a hand.
We all need somebody to lean on.
I just might have a problem that you'd
understand.
We all need somebody to lean on.

Rit) Lean on me, when you're not strong,…..

We all need somebody to lean on.
If you need somebody to lean on,
just lean on me.

"Appoggiati a me quando sei stanco,
e io sarò tuo amico, ti aiuterò ad andare avanti,
perché non passerà tanto tempo che io avrò
bisogno di qualcuno a cui appoggiarmi.

Chiamami fratello quando hai bisogno di una
mano…..

Tutti noi abbiamo bisogno di qualcuno
a cui appoggiarci
Se hai bisogno di qualcuno a cui appoggiarti,
appoggiati a me."

Bill Withers *compose* ***"Lean on me"*** *nel* ***1972,***
trovando ispirazione nella fanciullezza vissuta in
una città mineraria della Virginia e,
probabilmente, nelle difficoltà incontrate dopo il
suo trasferimento a Los Angeles, dove si sentiva
isolato nel quartiere povero della città.

PEOPLE GET READY

(C. Mayfield, 1965)

People get ready, there's a train a-coming,
don't need no baggage, you just *get on board*.
All you need is Faith to hear diesels humming,
don't need no ticket, you just *thank the Lord*.

People get ready for the train to Jordan,
picking up passengers from coast to coast.
Faith is the key open the doors and board them,
there's room for all among the loved and lost.

There ain't no room for the hopeless sinner,
who would hurt all mankind just to *save his own*.
Have pity on those whose chances are thinner,
'cause there's no hiding place from the
Kingdom's Throne.

People get ready, there's a train a-coming,
don't need no baggage, you just get on board.
All you need is Faith to hear diesels humming,
don't need no ticket, you just thank the Lord.

I believe, I believe (2 volte)
I believe….. I do believe.

Questa canzone, composta nel **1965** da **Curtis Mayfield,** è un ritratto del crescente senso di consapevolezza sociale e politica della gente di colore della sua epoca. Pare sia stata **ispirata dalla marcia su Washington del 1963,** organizzata da **Martin Luther King** e passata alla storia per il suo discorso "**I have a dream**".

La rivista "**Rolling Stone**" ha nominato "People Get Ready" **la ventiquattresima migliore canzone di tutti i tempi**.

"Gente state pronti, c'è un treno in arrivo,
non avete bisogno di alcun bagaglio, dovete solo salire,
Tutto ciò che vi serve per sentire il rumore del motore è la Fede,
non avete bisogno di biglietto, dovete solo ringraziare il Signore

Io ci credo,
ci credo fermamente".

CHRISTIAN MUSIC

Darlene Zschech
Devotion

What a wonderful song

Col termine "**Christian Music**" si vuole includere, in questo paragrafo, vari generi di canti a sfondo religioso (composti da "bianchi") che vengono eseguiti nelle Chiese (**Worship songs**) e nei concerti (**Christian Rock, Contemporary Cristian Music ...**).

Gli autori e i cantanti della **Christian Music** provengono da ogni parte del mondo. Ad esempio:

Darlene Zschech: Sydney (Australia);

Larry Norman, Andrae Chrouch, Randy Stonehill, Martin Nystrom: Stati Uniti;

Brenton Brown: nato in Sud Africa e vissuto in Inghilterra e Stati Uniti;

Gen Rosso, Gen Verde: Italia (componenti di varie nazionalità).

Sono state inserite di seguito due famose canzoni appartenenti al famoso film "Sister Act".

E' doveroso notare che la prima è nata come canzone pop e solo con la traduzione inglese si è inserita di fatto nel genere "Christian Music".

Canti di schiavitù e di libertà

SHOUT to the LORD
(Darlene Zschech, 1998)

My Jesus, my Savior,
Lord, there is none like You;
all of my days I want to praise
the wonders of Your mighty love.
My comfort, my shelter,
tower of refuge and strength;
let every breath, all that I am,
never cease to worship You.

Shout to the Lord, all the earth, let us sing,
power and majesty, praise to the King.
Mountains bow down and the seas will roar
at the sound of Your name.
I sing for joy at the work of your hands,
forever I'll love You, forever I'll stand,
nothing compares to the promise I have in You.

What a wonderful song

Mio Dio, Signore, nulla è pari a te,

ora e per sempre voglio lodare

il tuo grande amor per me.

Mia roccia tu sei, pace e conforto mi dai.

con tutto il cuore e le mie forze

sempre io ti adorerò.

Popoli tutti acclamate al Signore,

gloria e potenza cantiamo al Re,

mari e monti si prostrino a Te,

al tuo nome, o Signore.

Canto di gioia per quello che fai,

per sempre Signore con te resterò,

non c'è promessa, non c'è fedeltà che in Te (3).

*"**Shout to the Lord**" è stata scritta
dall'australiana **Darlene Zschech** e premiata
come **canzone dell'anno nel 1998**. L'autrice
vive a Sydney, è sposata con 3 figlie ed è
pastore nella Chiesa Pentecostale / Carismatica.
La parte in italiano è stata tradotta e adattata dal
movimento "**Rinnovamento dello Spirito**".*

I WILL FOLLOW HIM

(F.Pourcel, P.Mauriat, A.Altman, N.Gimbel, 1961
dal film *"**Sister Act**"*)

I will follow Him,
follow Him wherever He may go
and near Him I always to be,
for nothing can keep me away:
He is my destiny.

I will follow Him,
ever since He touched my heart I knew.
There isn't an ocean too deep,
a mountain so high it can keep,
keep me away, away from His love.

I love Him, I love Him, I love Him,
and where He goes
I'll follow, I'll follow, I'll follow
I will follow Him,
follow Him wherever He may go.
There isn't an ocean too deep,
a mountain so high it can keep,

What a wonderful song

keep me away.

We will follow Him

follow Him wherever He may go.

There isn't an ocean too deep,

a mountain so high it can keep,

keep us away, away from His love.

I Love Him, I'll follow.

True love forever

I love Him, I love Him, I love Him,

and where He goes

I'll follow, I'll follow, I'll follow.

He' ll always be my true love,

my true love, my true love,

from now until forever, forever, forever,..

There isn't an ocean too deep,

a mountain so high it can keep,

keep us away, away from His love.

Lo seguirò, lo seguirò ovunque andrà.
Non c'è un oceano così profondo,
una montagna così alta
che possano separarmi da Lui.

HAIL HOLY QUEEN

(traditional, Roger Emerson adapt.)

Hail holy Queen enthroned above, oh Maria,
Hail mother of Mercy and of Love, oh Maria,
Triumph all ye cherubim!
Sing with us ye seraphim!
Heaven and Earth resound the hymn!
Salve, salve, salve, salve Regina!

(si battono le mani e si ripete da capo)

Our life, our sweetness here below, oh Maria,
Our hope in sorrow and in woe, oh Maria.
Triumph all ye cherubim!
Sing with us ye seraphim!
Heaven and Earth resound the hymn!
Salve,salve, salve, salve Regina!

A-le-lu-jah.

Mater ad mater intemerata,
Sanctus Sanctus Dominus
Virgo respice mater ad spice,
Sanctus Sanctus Dominus,
A-le-lu-jah.

Our life, our sweetness here below, oh Maria,
Our hope in sorrow and in woe, oh Maria
Triumph all ye cherubim!
Sing with us ye seraphim!
Heaven and Earth resound the hymn!

Salve,salve, salve, salve Regina!
Salve Regina! (2 volte)

*Questo canto, reso famoso grazie al film **"Sister Act"**, corrisponde alla preghiera della "**Salve Regina"**, utilizzata nell'Ufficio Divino Cattolico di lingua inglese.*

"Salve Santa Regina incoronata in Cielo,
salve Madre di Misericordia e dell'Amore.
Trionfano tutti i Cherubini !
Cantano con noi i Serafini !
Cielo e Terra cantate l'inno !
Salve, salve, salve, salve Regina !

AS the DEER / HALLELUJAH

(Martin Nystrom, Ernie Rettino e Debby Kerner, 1981)

As the deer panteth for the water,
so my soul long after Thee.
You alone are my heart's desire
and I long to worship Thee.

You alone are my strength, my shield,
to You alone may my spirit yield.
You alone are my heart's desire
and I long to worship Thee.

You're my friend and You are my brother,
even though You are a king.
I love You more than any other,
so much more than anything.

You alone are my strength, my shield.....

Hallelu,
Hallelu,
Halleluiah,
Halleluiah, oh Lord we praise Your name.
All the glory,
all the glory
and all the praise,
all the praise
oh Lord we praise Your name. (3 volte)

What a wonderful song

I due brani che si succedono in forma di Medley, "**As the Deer** "e" **Hallelu Halleluja**" sono stati scritti rispettivamente da **Martin Nystrom** e la coppia di sposi "**Ernie Rettino**" e "**Debby Kerner**".

Il tema del primo brano è preso dal **Salmo 42**:

"Come una cerva anela ai corsi d'acqua, così l'anima mia anela a Te, o Dio."

La semplice melodia del secondo brano si incastra alla perfezione con il primo e dà un formidabile crescendo al **medley** che è stato proposto dagli "**Animula Gospel Singers**", nel CD "Spirit of the Land".

Come la cerva anela ai corsi d'acqua,
così la mia anima anela a te.
Tu solo sei il desiderio del mio cuore,
e io desidero celebrarti.
Tu solo sei la mia forza, il mio scudo,
solo a te può rivolgersi il mio Spirito.
Tu sei il mio amico e il mio fratello,
anche se Tu sei un Re.
Alleluia.
Oh Signore, noi invochiamo il tuo nome.

LORD REIGN in ME

(Brenton Brown, 2003)

Over all the earth you reign on high,
every mountain stream every sunset sky,
but my one request, Lord, my only aim
is that You'd reign in me again.

Lord reign in me, reign in Your power
over all my dreams, in my darkest hour.
You are the Lord of all I am,
so won't You reign in me again

Over every thought, over every word,
may my life reflect the beauty of my Lord,
'cause you mean more to me than any earthly
thing,
so won't You reign in me again.

Lord reign in me, ……..

Lord, teach me how to pray

and teach me what to say,

remind me of Your power

every day and every hour.

What a wonderful song

Lord, help me trust in You,

cast on my cares on You.

I want to live for You,

obey in all I do.

Lord reign in me, …….

Brenton Brown *è nato in* **Sud Africa** *e, da giovane, si è trasferito ad* **Oxford** *(Inghilterra), dove ha studiato Filosofia, Teologia e Musica, divenendo Responsabile del Culto e compositore di canti adatti alle celebrazioni liturgiche. Attualmente vive in* **California***.*

*"Dall'alto Tu regni su tutta la terra,
su ogni montagna, su ogni tramonto,
ma la mia sola richiesta, Signore, il mio solo desiderio
è che tu regni in me ancora.
Signore regna in me, regna con la tua potenza
su tutti i miei sogni, nelle mie ore più buie."*

SONO IO

(Lino Parodi, 2015)

E' scesa la notte.
Sulle acque agitate
da un vento contrario
qualcuno cammina.

Sono Io, sono Io, sono Io,
non abbiate paura.

Avanza una folla
con spade e bastoni.
"Chi state cercando?"
"Gesù, il Nazareno"

Sono Io, sono Io, sono Io,
non abbiate paura.

Nel primo dei giorni
appare il Signore
col segno dei chiodi:
"Toccate e guardate"

Sono Io, sono Io, sono Io,
non abbiate paura.

Sulla riva del lago,
un fuoco di brace,
del pesce arrostito:
"Venite e mangiate"

Sono Io, sono Io, sono Io,
non abbiate paura.

In questo testo si fa riferimento ad alcuni brani del Vangelo nei quali Gesù incoraggia i discepoli a non avere paura.

Nel primo Gesù cammina sulle acque del lago in tempesta, sale sulla barca degli Apostoli e calma il vento e le onde del lago.

Nel secondo Gesù, nell'orto degli ulivi, viene arrestato dai soldati, guidati dall'apostolo Giuda.

Nel terzo si racconta l'apparizione di Gesù Risorto agli apostoli rinchiusi nel cenacolo il primo giorno della settimana (Domenica).

Nell'ultimo, infine, Gesù Risorto dice agli apostoli di gettare ancora le reti, mentre sta arrostendo alcuni pesci sulla riva del lago.
La pesca è miracolosa e gli apostoli riconoscono il Maestro.

CONCLUSIONE

Il filo rosso che lega questi canti è la **fiducia nel Dio salvatore** che, dall'alto, vede la nostra povertà, la nostra sofferenza e le nostre piccole o grandi **schiavitù**. E come fece un tempo per il popolo di Israele, **Dio manda** "**Mosè**" per liberare il suo popolo dalla schiavitù imposta dal **Faraone d'Egitto**.

La **schiavitù** è ancora presente in tante parti del mondo (sfruttamento dei bambini nel lavoro, delle donne nella prostituzione ...). Ma a queste schiavitù imposte da qualcuno, si sono aggiunte le schiavitù imposte dalla nostra fragilità e dalla convinzione che la trasgressione sia sinonimo di fortezza e libertà (alcol, fumo, sesso, droga, giochi d'azzardo ...).

Il **Mosè** dei giorni nostri è colui che spende parte della sua giornata ad aiutare noi, schiavi del nostro tempo, a ritrovare il senso della vita, la libertà dai condizionamenti della società, la gioia di sentirsi fratelli e figli di un unico Padre.

Il **Faraone d'Egitto** è rappresentato, oltre che dai vari sfruttatori, anche da chi ci vuol far credere che la felicità si può comperare ai supermercati del benessere e che il raggiungimento del successo giustifica le gomitate, le bustarelle e la perdita della dignità.

Al termine di questa raccolta di canti, ci piace proporre il testo di "**What a wonderful world**" (portato al successo da **Louis Armstrong** nel 1968), che aiuta a vedere nelle cose semplici della vita (le rose rosse, i cieli azzurri, l'arcobaleno, una stretta di mano fra amici) il **segreto della felicità**.

A tutto ciò noi vorremmo aggiungere la **gioia che ci può trasmettere una canzone**, sperando che utilizzando questo canzoniere, venga spontaneo esclamare: **"What a wonderful song!"**

Canti di schiavitù e di libertà 179

WHAT a WONDERFUL WORLD
(Bob Thiele, George David Weiss, 1968)

I see trees of green, red roses too,
I see them bloom for me and you
and I think to myself: "*What a wonderful world*".

I see skies of blue and clouds of white,
the bright blessed day, the dark sacred night
and I think to myself: "*What a wonderful world*"

The colours of the rainbow, so pretty in the sky,
are also on the faces of people goin' by.
I see friends shakin' hands, sayin': "How do you
do"
They're really sayin': "I love you"

I hear babies cry, I watch them grow,
they'll learn much more than I'll ever know
and I think to myself: "*What a wonderful world*"
Yes, I think to myself: "*What a wonderful....song*"

*Questa famosa canzone **pop** fu composta da*
***Bob Thiele, George David Weiss**, nel 1968*
*appositamente per **Louis Armstrong**.*
***What a Wonderful World** è stata intesa dai suoi*
autori come un invito alla scoperta delle cose
*belle della **vita**: dai toni **ottimistici** e rilassati,*
*esalta la **bellezza** del mondo e della diversità fra*
i popoli, oltre a costituire un invito a non diffidare
*del **futuro**. Fu pensata come una sorta di*
antidoto al crescente clima di tensione politico e
*razziale negli **USA**.*

Vedo alberi verdi e rose rosse,
li vedo fiorire per me e per te
e penso dentro di me:
"Che mondo meraviglioso"

Vedo cieli azzurri e nuvole bianche,
il giorno luminoso e benedetto,
la notte scura e sacra
e penso dentro di me:
"Che mondo meraviglioso"

I colori dell'arcobaleno, così belli nel cielo,
si riflettono sui volti della gente che passa.
Vedo amici che si stringono la mano
dicendo: "Come va?"
In realtà stanno dicendo:
"Ti voglio bene".

La Terra vista dalla Luna (fotografata durante la Missione Apollo 17 nel 1972)

What a wonderful song

BIBLIOGRAFIA

Testimonianze sulle schiavitù di ieri e di oggi

FREDERICK DOUGLASS, *Memorie di uno schiavo fuggiasco*, Manifesto Libri, 1992 (ed. originale in Boston, 1845)

THOMAS WENTWORTH HIGGINSON, *Army Life in a Black Regiment and Other Writings*, Penguin Books, New York, 1997 (ed. originale Boston, 1870)

BRUNO ARMELLIN, *La condizione dello schiavo. Autobiografia degli schiavi neri negli Stati Uniti*, Einaudi, 1975

MARIE AGNESE COMBESQUE, *Non ho più nome*, Gruppo Abele, 1985

Canti Spirituals, Inni, Work Songs e Funeral Marches

DENA J. EPSTEIN, *Sinful tunes and Spirituals. Black folk music to the Civil War*, University of Illinois Press, 2003 (ed. originale 1977)

LUCA CERCHIARI E ROBERTO LEOPARDI, *Slave Songs of the United States*, L'Epos di Palermo, 2004 (trad. dall'originale edito da "Simpson New York", 1867)

ROBERTO LEOPARDI, *Spirituals*, Biblos Edizioni, 2004

PAOLO RIBET & FIORENZO GITTI, *Negro Spirituals. Musica e testi*, Claudiana, 1998

JOHN W. WORK III, *American Negro songs: 230 Folk songs and Spirituals, religious and secular*, Dover Publications, 1998 (ed. originale New York, 1940)

Canti Gospel, Southern Gospel e Soul Music

ROBERT DARDEN, *People get ready! A new History of Black Gospel Music*, CONTINUUM, 2004

AA. VV., *Well understand it better by and by. Pioneering African/American Gospel composers*, Bernice Johnson Reagon Smithsonian Institution Press, 1992

BIL CARPENTER, *Uncloudy Days: The Gospel Music Enciclopedia*, Backbeat Books, 2005

HAL LEONARD CORPORATION, *The Southern Gospel Song Book*, Brentwood Benson Music publishing, 2009

JAMES R. GOFF JR., *Close Harmony. A history of Southern Gospel*, The University of North Carolina Press, 2002

GERRI HIRSHEY, Nowhere To Run: The Story Of Soul Music, Da Capo Press-New York, 1994

Indice

Canti di schiavitù e di libertà   *189*

* 9 7 8 1 2 9 1 3 5 7 3 6 3 *